Monika und Erhard Hirmer

Erfolgreich und kreativ durch alle Aufsatzarten

5./6. Klasse Band II

umweltfreundlich
auf chlorfreiem Papier

ISBN 978-3-89291-599-7

DEUTSCH

LITERATUR/LESEN

PREISE STAND 2014
AKTUELLE PREISE AUF PB-VERLAG.DE

5./6. JAHRGANGSSTUFE

Ute Freitag

Lesetraining nach Kompetenzstufen 5. Jahrgangsstufe

67 Seiten, DIN A4
Kopiervorlagen

BEST.NR.: 040 16,90 €

Im Buch blättern

Ute Freitag

Lesetraining nach Kompetenzstufen 6. Jahrgangsstufe

64 Seiten, DIN A4
Kopiervorlagen

BEST.NR.: 041 16,90 €

Im Buch blättern

M. u. E. Hirmer

Minikrimis 5./6. Jahrgangsstufe

46 Seiten, DIN A4
Kopiervorlagen

BEST.NR.: 356 12,90 €

Im Buch blättern

M. u. E. Hirmer

Textknacker 5./6. Jahrgangsstufe Lesetexte besser verstehen

144 Seiten, DIN A4
Kopiervorlagen

BEST.NR.: 525 23,90 €

Im Buch blättern

Ute Freitag

Lesestark 6. Jahrgangsstufe

76 Seiten, DIN A4
Kopiervorlagen

BEST.NR.: 051 17,90 €

Im Buch blättern

Anton Schaller

DU - Geschichten zum sozialen Lernen 4.-6. Jahrgangsstufe

40 Seiten, DIN A4
Kopiervorlagen

BEST.NR.: 519 12,90 €

Im Buch blättern

7.-10. JAHRGANGSSTUFE

Hans Bayerl

Textknacker 7.-9. Jahrgangsstufe Lesetexte besser verstehen

102 Seiten, DIN A4
Kopiervorlagen

BEST.NR.: 526 19,90 €

Im Buch blättern

Gerd Stuckert

Gründlicher lesen, besser verstehen, mehr behalten 7.-10. Jahrgangsstufe

78 Seiten, DIN A4
Kopiervorlagen

BEST.NR.: 538 16,90 €

Im Buch blättern

ONLINE:

Im Buch blättern

BLÄTTERN SIE ONLINE IM BUCH ALS HÄTTEN SIE'S IN DER HAND!

Tanja Schaub

Lesetraining nach Kompetenzstufen 7. Jahrgangsstufe

76 Seiten, DIN A4
Kopiervorlagen

BEST.NR.: 018 17,90 €

Im Buch blättern

Tanja Schaub

Lesetraining nach Kompetenzstufen 8. Jahrgangsstufe

77 Seiten, DIN A4
Kopiervorlagen

BEST.NR.: 038 17,90 €

Im Buch blättern

Tanja Schaub

Lesetraining nach Kompetenzstufen 9. Jahrgangsstufe

77 Seiten, DIN A4
Kopiervorlagen

BEST.NR.: 039 17,90 €

Im Buch blättern

Tanja Schaub

Leseproben nach Kompetenzstufen 7. Jahrgangsstufe

28 Seiten, DIN A4
Kopiervorlagen

NEU

BEST.NR.: 090 8,90 €

Im Buch blättern

Tanja Schaub

Leseproben nach Kompetenzstufen 8. Jahrgangsstufe

28 Seiten, DIN A4
Kopiervorlagen

BEST.NR.: 091 8,90 €

Im Buch blättern

Tanja Schaub

Leseproben nach Kompetenzstufen 9. Jahrgangsstufe

28 Seiten, DIN A4
Kopiervorlagen

BEST.NR.: 092 8,90 €

Im Buch blättern

Inhaltsverzeichnis

BOTSCHAFTEN ÜBERMITTELN

gutenberg.spiegel.de

INFORMATION

VOM PIKTOGRAMM ZUR SCHRIFT

DAS VOLK DER SUMERER (IN GEBIETEN DES HEUTIGEN SYRIENS) ENTWICKELTE AB CA. 3000 V. CHR. EINE BILDERSCHRIFT. DIE SCHREIBER ZEICHNETEN EINEN GEGENSTAND ALS DARSTELLUNG EINES BEGRIFFES. MEINTEN SIE EINE KUH, DANN ZEICHNETEN SIE EINEN KUHKOPF. ZEICHEN, DIE OFT ZU SCHREIBEN WAREN, WURDEN BALD VEREINFACHT.

KUH: 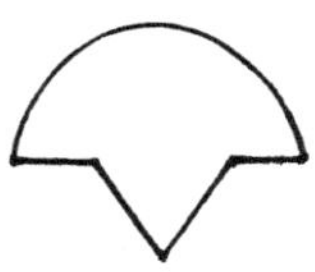 BOGEN:  KANAL: 

DIE SUMERER WOLLTEN AUCH AUF DAUERHAFTEM MATERIAL WIE TON ODER STEIN "SCHREIBEN". SO MUSSTEN SIE DIE ZEICHEN WEITER VEREINFACHEN, DENN MIT DEM DREIECKIGEN HOLZGRIFFEL KONNTEN SIE KEINE RUNDEN FORMEN IN DEN TON BRINGEN. KEILARTIG WURDE IN DEN WEICHEN TON GEZEICHNET, DARUM NENNT MAN DIESE ZEICHEN KEILSCHRIFT.

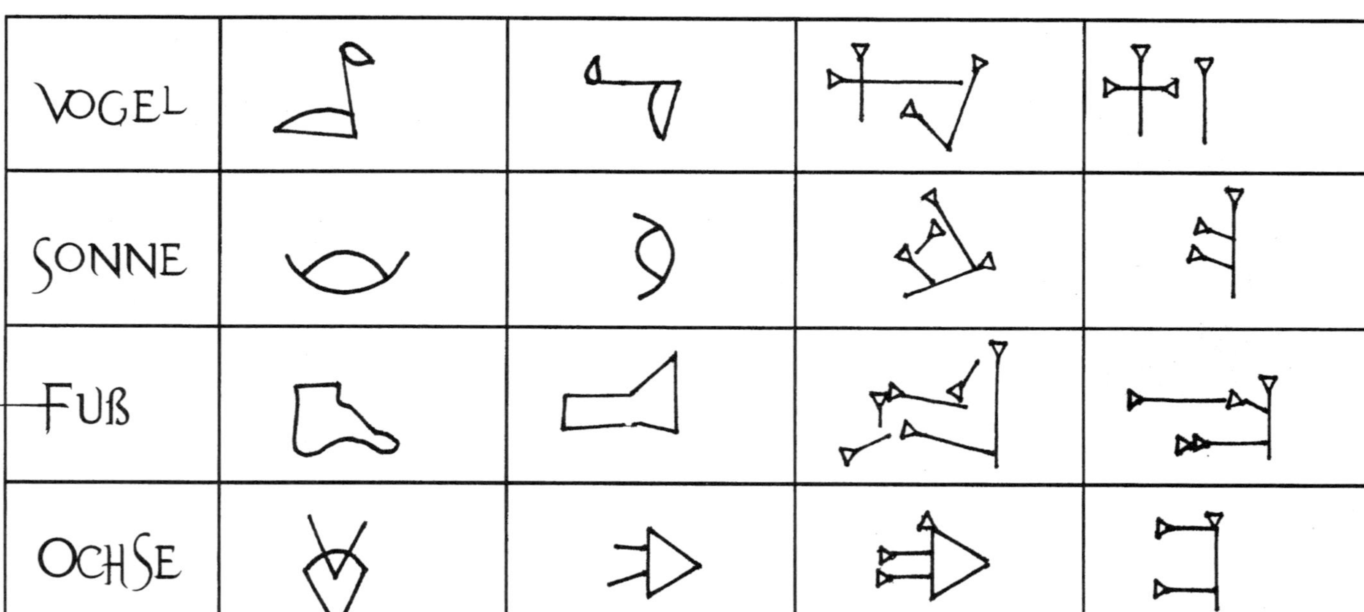

SCHON BALD ENTWICKELTEN DIE SUMERER ZUR BILDERSCHRIFT AUCH LAUTZEICHEN, ALSO ZEICHEN FÜR DIE GESPROCHENE SPRACHE. DAS IST JEDOCH EIN ANDERES KAPITEL.

MEHR INFORMATIONEN ZUM THEMA FINDEST DU ZUM BEISPIEL HIER: www.earlyworld.de

D	Name: ______________________________	Datum: ___________________

Sprechende Bilder

Zeichen werden erfunden, wenn etwas ohne lange ____________________ mitgeteilt werden soll. Sie sind schnell _________________, gut _________________ und leicht zu _______________.

Lass die Zeichen sprechen: ***Was sagen sie uns?***

D	Name: ______________________	Datum: ______________

Sprechende Bilder

Zeichen werden erfunden, wenn etwas ohne lange Erklärungen mitgeteilt werden soll. Sie sind schnell erfassbar, gut verständlich und leicht zu merken.

Lass die Zeichen sprechen: ***Was sagen sie uns?***

D Name: ______________________ Datum: ______________

Piktogramme erfinden

Piktogramm = sprechendes Bild: Durch vereinfachte Zeichnungen werden Informationen weitergegeben.

Erfinde hier selbst Zeichen und Schilder, die etwas mitteilen.
Malt zusammen ein Zeichen, das ihr im Klassenzimmer braucht, auf Plakat!

Eine Hilfe: Die vier verschiedenen Schilderformen haben verschiedene Bedeutung:

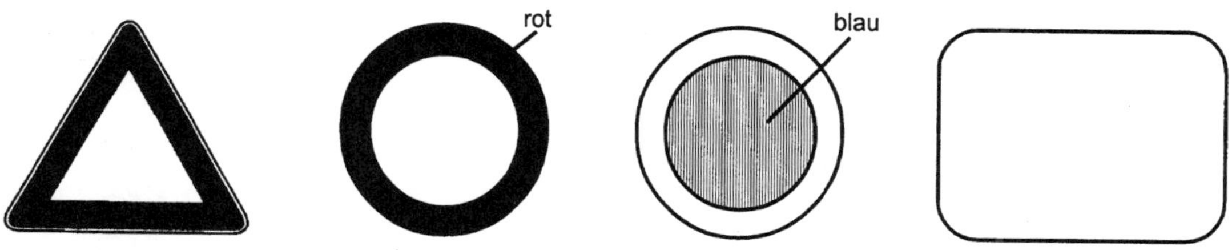

Warnung **Verbot** **Gebot** **Hinweis**

z.B. Warnung vor unserem Lehrer

z.B. Du wirst hier zur Schnecke gemacht.

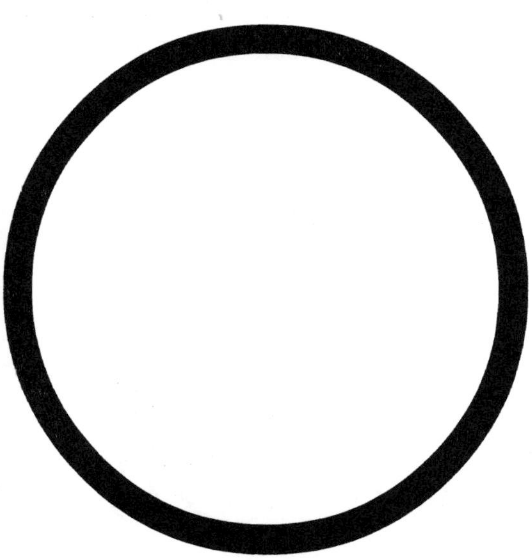

z.B. Lernen verboten!

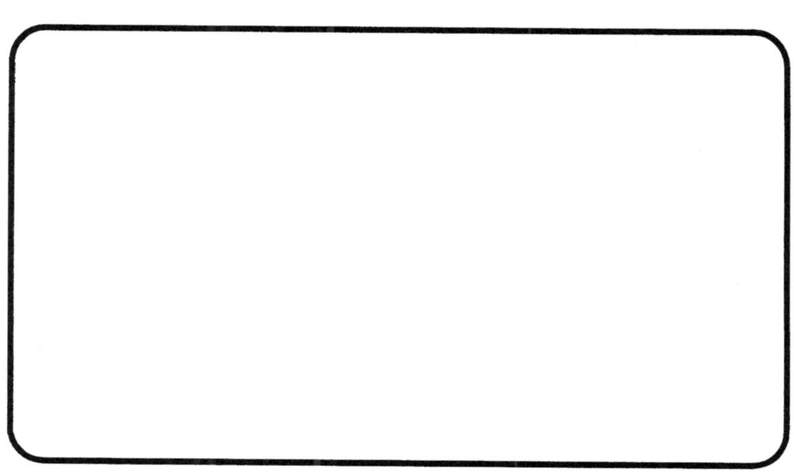

Botschaften übermitteln

OHNE WORTE

Gehörlose Menschen können sich durch **Gesten** mit ihren Armen und ihrem Gesichtsausdruck, der **Mimik**, verständigen.

Probieren wir einige einfache Sätze aus!

Schema:

Persönl. Fürwort	+	**Verb "sein"**	+	**Adjektiv**
Ich		*bin*		*schlau.*

Ich bin

schön

lustig

Du bist

groß

dumm

Mehr von der Gebärdensprache erfährst du z.B. hier: *www.sign-lang.uni-hamburg.de/ALEX*

INTERNATIONAL BEKANNT: ILY

Das Zeichen

bedeutet: *I Love You*

D Name: ______________________ Datum: ______________

Körpersprache

Schaue die Bilder an: ***Was fühlt der Junge jeweils?***
Erfinde zu jedem Bild einen passenden Text. (Erzählsatz oder wörtl.Rede)

Spiele: Sprach- und Körpereinsatz

1 Unterschiedlich gehen

Die Schüler gehen auf der Spielfläche durcheinander nach Ansage: *schlendern, stolzieren, marschieren, trampeln, traben, galoppieren, eilen, rennen, hoppeln, hüpfen, kriechen, schleichen, auf Zehenspitzen, huschen, stolpern, alter Mann, Mannequin, wie ein Tier, auf den Chef zugehen....*

2 Bewegungsthemen

Schüler verteilt, Augen geschlossen.Thema angesagt, Körper in entsprechende Bewegung versetzt: *Getreidehalm im Wind, baggern, Feuer....*

3 Gesichtsausdruck

Stimmungen angesagt, langsam wird der entsprechende Gesichtsausdruck geformt: *Ärger, Wut, Interesse, Trauer, Begeisterung, Angst, Ablehnung, Anstrengung, Zahnschmerz, Mitleid, Verträumtheit, Langeweile, Grübeln, Unsicherheit....*

4 nach Nr.3: Gemeinsame Stimmung

Zum Gesichtsausdruck wird ein zugehöriger Gang, eine zugehörige Haltung gesucht; Kontaktaufnahme mit anderen; gegenseitiges Bestärken der Stimmung ohne Worte

5 Kontakt in der Bahn

Jeweils zwei "Bahnfahrer" unterhalten sich zwei Minuten lang nur mit Gesichtsausdrücken: **Abwechslungsreiche** Mimik!

6 Tonfälle

Schüler gehen durcheinander, sagen sich bei Begegnung neutralen Satz in unterschiedlicher Betonung:
z.B. **Wer zu wenig trinkt, trocknet aus.**

Tonfälle: *beleidigend, beleidigt, fragend, besorgt, gütig, verliebt, hasserfüllt, resigniert, interessiert, deprimiert, schmeichelnd, rätselnd, ahnungsvoll, belehrend, informierend, beruhigend*

7 Eigensinnig!

Mutter und Kind (je zwei Schüler) unterhalten sich mit einer Silbe (z.B. na, nu....).
Ein Tonfall wird mit einem Gegentonfall beantwortet.

8 Tempowechsel

Ein Schüler soll zwei Tätigkeiten zur gleichen Zeit ausführen, die eine schnell (z.B. in der Hosentasche nach Kleingeld suchen), die andere langsam (z.B. mit den Händen Frisur ordnen). Pausen einlegen!

9 Sitzen

Ein Darsteller ändert fünf Minuten lang nur Details seiner Sitzposition. Sonst tut er nichts.

10 Telefongespräch

Ein Schüler telefoniert mit einem imaginären Partner. Pausen, wenn "Partner spricht"!

11 Ansage

Wichtige Ansage an Theaterpublikum, z.B.
* Die Toiletten sind überschwemmt. Das Publikum wird gebeten, im Bedarfsfall nach draußen zu gehen.
* Die Hauptdarstellerin ist krank, leider heute keine Vorstellung. (usw.)

Jede Ansage durch vier verschiedene Personen:
1) Unsicherer Tontechniker, dem alles peinlich ist.
2) Vergesslicher Mensch
3) Selbstsichere Person
4) Gewissenhafter Mensch mit Spickzettel

12 Wie man Holz hackt

Ein Schüler erklärt genau, wie man Holz hackt. Er verwendet möglichst oft die Wörter *"Beil"* und *"Holzscheit"*.
Ein zweiter Darsteller schiebt jedes Mal nach dem Wort "Beil" **"Ein gefährliches Ding!"** und nach dem Wort "Holzscheit" den Kommentar **"muss zerhackt werden!"** ein.
Der Holzhacker sollte möglichst flüssig reden und nicht aufhören, wenn der zweite Schüler seinen Beitrag einwirft.

D	Name: ______________________	Datum: ______________

Ich stelle mich vor

Ich bin umgezogen! Nun muss ich in die neue Schule gehen, in der mich niemand kennt. Meine neuen Mitschüler und die Lehrkraft haben natürlich Fragen an mich.

1 *Welche Fragen könnten gestellt werden?*

____

____

____

2 *Spielt diese Situation!*

3 *Ich möchte mir von der Schule, von den Lehrern und von meinen Mitschülern ein Bild machen. Darum frage ich in der Pause meinen Banknachbarn:*

____

____

____

____

____

4 *Das erzähle ich beim Vorstellen nicht. Es ist nicht notwendig bzw. geht die anderen nichts an:*

____

____

____

____

____

D Name: ______________________ Datum: ______________

Ich stelle mich vor

Ich bin umgezogen! Nun muss ich in die neue Schule gehen, in der mich niemand kennt. Meine neuen Mitschüler und die Lehrkraft haben natürlich Fragen an mich.

1 *Welche Fragen könnten gestellt werden?*

Wo kommst du her?

Was sind deine Hobbies?

Wie war es in deiner alten Schule?

Was magst du gar nicht?

2 *Spielt diese Situation!*

3 *Ich möchte mir von der Schule, von den Lehrern und von meinen Mitschülern ein Bild machen. Darum frage ich in der Pause meinen Banknachbarn:*

Welche Lehrer mögt ihr gar nicht? Wer ist dein Lieblingslehrer? Bei wem kann man spicken? Wer ist in der Klasse der "Kotzbrocken"? Auf wen kann man sich verlassen? Wer ist der beliebteste Schüler in der Klasse? . . .

4 *Das erzähle ich beim Vorstellen nicht. Es ist nicht notwendig bzw. geht die anderen nichts an:*

meine bisherigen Krankheiten - Intimes aus meiner Familie - meine Streiche an der alten Schule - mit meinen Talenten angeben - wer mir in der neuen Klasse schon sympathisch ist - . . .

D	Name: ______________________________	Datum: __________________	

Referieren

Ich stelle vor:

Die Stadt ______________________________

1. Das weiß ich schon von dieser Stadt - in Stichpunkten:

____

____

2. Hier erfahre ich mehr über meine Stadt:

____

3. Basisinformationen:

- Wo liegt die Stadt? ______________________________
- Wie viele Einwohner hat sie? ______________________________
- Wie groß ist die Stadt? ______________________________

4. Das sind die Sehenswürdigkeiten der Stadt:

____

Über diese referiere ich ausführlich:

____

5. Diese berühmten Personen lebten oder leben in der Stadt:

____

6. Meine Stadt produziert diese Waren:

____

Sie ist bekannt für diese Spezialitäten:

____

7. Diese besonderen Ereignisse gibt es demnächst in meiner Stadt:

____

Referieren

TIPPS ZUM REFERAT

Damit dein Referat gelingt, solltest du diese Ratschläge beherzigen:

VORBEREITUNG

Fragen stellen: Stelle zu deinem Thema Fragen: *Wer? Wann? Wo? Wie? usw.* Mit den Fragen kommst du zum nächsten Schritt.

Informationen einholen: Nutze die Quellen, die dir zur Verfügung stehen (Internet, Lexikon, Sachbuch....) und schreibe die Informationen in Stichpunkten auf. *Achtung:* Nicht zu viele Quellen sammeln, sonst kommst du durcheinander!

Stichpunkte gliedern: Nun bringst du deine Stichpunktsammlung in eine sinnvolle Reihenfolge, z.B. vom Allgemeinen zu den Einzelheiten. Beschränke dich auf das Wesentliche!

Text verfassen: Wenn es verlangt ist, verfasse aus den gegliederten Stichpunkten das schriftliche Referat. Du solltest aber schon zu Hause versuchen, nur mit der Stichpunktliste in der Hand zu referieren.

Überlegen: Der Einsatz von Bildern, Skizzen und dgl. lockert den Vortrag auf und wird bestimmt honoriert. Überlege, in welcher Form und wann du Bilder präsentierst: Bild auf Folie, Kopien, Poster, Video..... Ganz schlecht ist es, während des Vortrages ein Buch herumgehen zu lassen: Die Betrachter passen nicht mehr auf dich auf!

DURCHFÜHRUNG

Vorbereiten: Geräte, Kopien und alles, was du zum Vortrag brauchst, musst du unbedingt schon vorher bereitstellen!

Sprechen: Sprich möglichst **frei** (vom Stichpunktzettel ablesen!) und hochdeutsch.

Hände: Deine Nervosität sieht der Zuschauer vor allem an den unruhigen Fingern. Beschäftige sie, indem du ein Buch, den Zettel...hältst!

Blick: Während des Vortrages sollte man den Blickkontakt zum Publikum suchen. So fühlen sich die Zuhörer direkt angesprochen.

Überraschung: Bevor die Zuhörer - nach dreißig langen Minuten - einschlafen, beteilige sie an deinem Referat: Stelle Fragen oder lass sie etwas tun.

Thema

Meinungen äußern und begründen

Lernziele

Grobziele:
-Fähigkeit und Bereitschaft, miteinander zu reden
-Andere Meinungen tolerieren

Feinziele:
Der Schüler soll
- seine Meinung verständlich äußern können,
- seine Meinung sachlich begründen können,
- dabei die Umgangsformen anwenden.

Arbeitsmittel

Tafel, OHP, Folien, AB, CD einer aktuellen Musikgruppe

Folie (Sprechanlass)

Methode			Lerninhalt
Unterrichtsstufe	Sozialform	Arbeitsmittel	
I. Hinführung	Impuls	Folie CD	Carola und Gruppe und Musik (Alternative: Szenische Darstellung)
	Vermuten, beschreiben		Freie Aussprache (Außenseiter....):
			Zielangabe: ***Meinungen äußern***
II. Erarbeitung ***1. Teilziel***	Impuls Vermutungen Erkenntnis	TA, AB1 (Nr.1)	Wenn Carola nichts sagt, dann wissen die anderen etwas nicht. (Man muss also etwas tun....) Man muss seine Meinung äußern, damit die anderen wissen, was man denkt.
	AA PA	Notizen, TA	Überlegt Gründe, warum Carola nichts sagt. Ergebnisse: hat andere Meinung, will sich nicht blamieren, traut sich nicht....
	freies Spiel (Schü), Impulse		Kurzszenen(ungeübt): Wie kann ich die Meinung anderer erfahren? - Mittagstisch: Bubi mag die Suppe nicht. - Klasse: Ausflugsziel ....usw...........
	Ergebnis	TA	Wir sollten fragen, zum Gespräch auffordern.....
Anwendung	freies Spiel (GA)		Eingangsszene besprechen und spielen: Carola redet mit.
2.Teilziel			***Meinungen begründen***
	Impuls Vermutungen AA, EA	 TA CD, Block	Zu einer Meinung sollte man etwas angeben können. Meinungen begründen Hört das Lied an und begründet, warum es euch gefällt oder nicht.
Zusammenschau	KG	TA, AB1 (Nr.2)	*Notieren der Gründe:* guter Text, toller Rhythmus, coole Sänger................
3.Teilziel			***Wie sage ich meine Meinung?***
	AA	AB1 (Nr.3)	Lies und sag deine Meinung dazu!
	KG, Impulse		Die Musik wird von allen abgelehnt; manche Aussagen sind "hart", sie **beleidigen**....
Ergebnis		TA, AB1 (Nr.3)	*Es kommt auch darauf an,* ***wie*** *man seine Meinung sagt.*
III. Anwendung und Transfer	GA, arbeitsteilig		Rollenspiele zu verschiedenen Themen (Taschengeld, Fernsehen, Hausaufgaben, Grüßen....) unter Beachtung des **Begründens** und des **Wie**.
	PA Zusammenschau im KG	AB2 (Folie)	Drei Themen (Spielen, Rad fahren, Hausaufgaben): *Gründe suchen*
Langzeit-anwendung			Im weiteren Verlauf des Schuljahres werden ggf. Schüler immer wieder auf das Begründen und auf das Wie bei der Meinungsäußerung hingewiesen. Evtl. Aushang der drei Teilzielergebnisse im Klassenzimmer!

D Name: ______________________ Datum: ______________

Meinungen äußern und begründen

1.

Im Pausenhof spricht eine Gruppe von Schülern über das gestrige Konzert der Gruppe XY. *Carola* hat das Konzert auch gesehen, sagt aber nichts dazu. *Sprecht über diese Situation. Gebt Carola und den anderen Ratschläge!*

⇨ ______________________________

____

2. Michi hört gerade die letzte CD dieser Gruppe. Ihm gefällt diese Musik nicht.
Überlege, wie er seine Meinung begründen könnte!

Mir gefällt diese Musik nicht, weil ______________________________

____

____

____

⇨ ______________________________

____

3. *Überlege, welche Aussagen verletzend wirken könnten!*

⇨ ______________________________

____

D	Name: ______________________	Datum: ______________

Meinungen äußern und begründen

1.

Im Pausenhof spricht eine Gruppe von Schülern über das gestrige Konzert der Gruppe XY. *Carola* hat das Konzert auch gesehen, sagt aber nichts dazu. *Sprecht über diese Situation. Gebt Carola und den anderen Ratschläge!*

⇨ **Wenn du deine Meinung nicht äußerst, dann wissen die anderen nicht, was du denkst.**

2. Michi hört gerade die letzte CD dieser Gruppe. Ihm gefällt diese Musik nicht.
Überlege, wie er seine Meinung begründen könnte!

Mir gefällt diese Musik nicht, weil **sie auf der einen Seite zu laut ist, auf der anderen Seite die Texte sehr wenig Aussagekraft besitzen.**

⇨ **Du solltest in der Lage sein, deine Meinung zu begründen.**

3. *Überlege, welche Aussagen verletzend wirken könnten!*

Diese Musik ist nicht nach meinem Geschmack!

So was kannst auch nur DU gut finden!

Na ja, einige Stücke waren nicht schlecht!

Da schlafen mir ja die Füße ein!

Der Mist ist zum Kotzen!

Mir ist diese Musik nicht cool genug!

⇨ **Nicht nur das, was du sagst, ist wichtig, sondern auch WIE du es sagst. Bleibe immer sachlich!**

D Name: ____________ Datum: ____________

Meinungen äußern und begründen

Suche Gründe für die verschiedenen Meinungen!

1

Wir sollten Sascha mitspielen lassen!

Nein, das finde ich nicht!

2

Rad fahren ist gefährlich!

Nein, es ist gesund!

3

Hausaufgaben sollte man gleich nach der Schule machen!

Nein, die beste Zeit dafür ist nach dem Spielen!

D Name: ______________________ Datum: ______________

Meinungen äußern und begründen

Suche Gründe für die verschiedenen Meinungen!

1

Wir sollten Sascha mitspielen lassen!

Er gehört auch zur Klasse.
Er lernt es sonst nie.
So schlecht spielt er gar nicht.

Nein, das finde ich nicht!

Er spielt nicht fair.
Er trifft den Ball nicht.
Er will sich nicht bewegen.
Er ist so langsam.

2

Rad fahren ist gefährlich!

Man muss viele Verkehrsregeln beachten.
Es ist zu viel Verkehr auf der Straße.
Man kann stürzen.

Nein, es ist gesund!

Man ist an der frischen Luft.
Man bewegt sich.
Es ist ein gutes Muskeltraining.

3

Hausaufgaben sollte man gleich nach der Schule machen!

Man hat danach mehr Freizeit.
Man hat nicht schon wieder alles vergessen. (Der Stoff ist noch "frisch".)

Nein, die beste Zeit dafür ist nach dem Spielen!

Man hat Pause nach der Schule.
Man hat sich ausgetobt.
Die Eltern können am Abend helfen.

D Name: ______________________ Datum: ______________

Gründe *dafür* und *dagegen*

Da noch Geld übrig ist, will sich die Klasse ein Spiel kaufen. Nach einer hitzigen Diskussion stehen schließlich drei Vorschläge zur Auswahl:

1. Ein Fußball

2. Ein Quizspiel

3. Ein Computerspiel

DIE HITZIGE DISKUSSION

Bild: blather.net

1. ***Überlege:*** Für welches Spiel würdest du dich entscheiden?

2. Sammle Gründe, die ***für*** *dein* Spiel sprechen!

____

____

____

3. Welche Gründe sprechen *deiner Meinung nach* **gegen** die anderen beiden Spiele?

a) gegen ______________________:

____

____

____

b) gegen ______________________:

____

____

____

4. Welche Gründe könnten ***gegen*** *dein* Spiel sprechen?

____

____

____

D Name: ______________________ Datum: ______________

Pro-Contra-Analyse

Ein Diskussionsspiel für die Klasse

Ziel: Argumente und Gegenargumente zu einem Thema sammeln, eigene Stellung zum Thema ergründen.

Durchführung:

*Das Thema wird klar formuliert, z.B. "*Sind Hausaufgaben sinnvoll?*".
*Die Schülerinnen und Schüler haben eine begrenzte Zeit, ihre persönlichen "Pro- und Contra- Argumente" zu notieren. (eventuell in Partnerarbeit)
*Anschließend wird die Klasse in zwei gleich große Gruppen eingeteilt, die jeweils einen der beiden Standpunkte einnehmen. Die beiden Gruppen sitzen einander gegenüber.Die Argumente sollen abwechselnd vorgetragen werden, wenn möglich mit Bezug aufeinander.
*Nach einer vorgegebenen Zeit wechseln die Gruppen ihren Standpunkt und tauschen erneut Pro- und Contra-Argumente aus.
*Anschließend erfolgt eine gemeinsame Auswertung unter folgenden Fragen:

-Welche Position ist mir leichter gefallen? Warum?
-Welche Argumente haben mich überzeugt, welche nicht?
-Wohin tendiert jetzt die Klasse?
-Welche Bedeutung haben die Beiträge für unsere weitere Arbeit?

(nach: http://www.learn-line.nrw.de/)

<u>Variationen</u>: ***Jeder Teilnehmer spricht** - in dieser Reihenfolge:

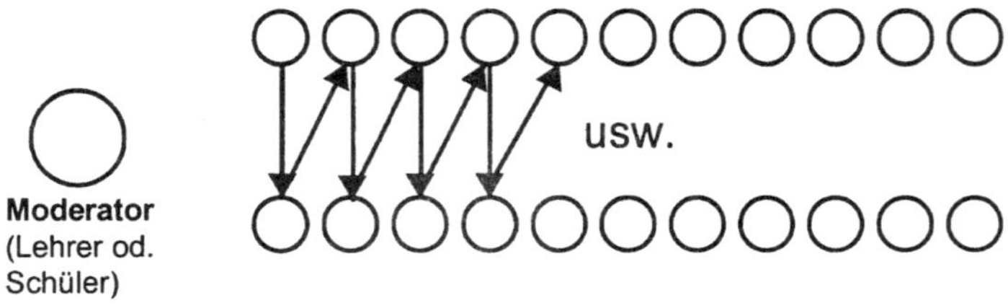

***Jede Gruppe sammelt nur** Pro- bzw. Contra-Argumente und notiert sie auf Papierbögen: Aushang (gegenüber); abwechselndes Vortragen der Argumente; Fragen der Zuhörer.

Argumente (Begründungen) suchen, Beispiel

Ein Haustier anschaffen

Vorteile (pro)	**Nachteile** (contra)
■ ______________________	■ ______________________
■ ______________________	■ ______________________
■ ______________________	■ ______________________
■ ______________________	■ ______________________
■ ______________________	■ ______________________
■ ______________________	■ ______________________

Ergebnis/Kompromiss: ______________________________

BERICHTEN

Frankfurt
Hannover
Dortmund
66
Diedenbergen
Gewerbegebiet
Wallau
120
GRUMMEL

Der Bericht

MUSTER

medien-news.blog.de/?tag=bald-zeitung

EINLEITUNG

In ein oder zwei Sätzen sage ich, **wer** (*Frau Spears*), **wann** (*am vergangenen Dienstag*), **wo** (*in der* Miststraße) **was** (*Auffahrunfall*) und **warum** (*aus Unachtsamkeit*) erlitt:

Am vergangenen Dienstag verursachte Frau Spears aus Unachtsamkeit in der Miststraße einen Auffahrunfall.
oder: *Einen Auffahrunfall verursachte Frau Spears am vergangenen Dienstag aus Unachtsamkeit in der Miststraße.*

HAUPTTEIL

Hier schreibe ich den **genauen Vorgang** mit den **Folgen** des Geschehens - in der richtigen Reihenfolge, in der 1. Vergangenheit (sehen: *er sah*), ohne eigene Meinung (*Spinnt die?*), ohne Überflüssiges (*Herr Jauch sah auch nichts.*):

Es war gegen 17 Uhr, also in der Hauptverkehrszeit, als Frau Spears laut zur Musik aus dem CD-Player singend, ihren Wagen, einen WMW Z8, von der Blaubeerstraße kommend in die Erdbeerstraße lenkte. Sie fuhr laut Zeugenaussagen mit quietschenden Reifen in die Erdbeerstraße ein und bemerkte - wohl durch die Singerei abgelenkt - nicht, dass unmittelbar nach der Einmündung der Lieferwagen des 78-jährigen Thomas G. parkte. Ungebremst fuhr Frau Spears auf den Lieferwagen auf. Durch die Wucht des Aufpralls wurde der WMW massiv gestaucht und Frau Spears dabei an die Windschutzscheibe gepresst. Passanten halfen ihr aus dem Auto und alarmierten den Notarzt.

SCHLUSS

In ein oder zwei Sätzen schreibe ich über die **gesundheitlichen** und **finanziellen** Auswirkungen. Eventuell folgt noch ein **Aufruf der Polizei**:

Während an dem Lieferwagen nur die Stoßstange eingedrückt wurde, hatte der WMW Totalschaden. Frau Spears zog sich bei dem Unfall Verletzungen im Gesicht und an der Halswirbelsäule zu; sie ist aber bereits außer Lebensgefahr. Zeugen des Unfalls melden sich bitte bei der Polizeidirektion Urmel (Tel. 00002/123).

D	Name: ______________________	Datum: ______________	

Kurzberichte

- Markiere mit sechs verschiedenen Farben: *wer - wann - wo - was - warum - Folgen*
- Schreibe die Angaben heraus. Verwende dazu die Stichwortzettel!
- Verfasse selbst einen Kurzbericht, z.B. *Lehrer vermisst!*

1 Beinbruch im Fischweiher

Paindorf. Beim Reinigen seines Fischweihers brach sich am vergangenen Samstag der 80-jährige Xaver G. das Schienbein. Als er den geleerten Weiher betreten wollte, kam er auf dem schlammigen Untergrund ins Rutschen und stürzte. Helfer brachten ihn ins Krankenhaus.

2 Das heutige Brot

Wagadugu. Ein armer Missionspriester war am vorletzten Samstag zu einer großen Hochzeitsfeier in die Hauptstadt eingeladen. Er war so verwirrt ob des üppigen Mahles, dass er sich beim lauten Tischgebet versprach:" Unser heutiges Brot gib uns täglich." Über Reaktionen der anderen Gäste ist nichts bekannt.

3 Vom Winde verweht

Tokio. Seine gesamten Ersparnisse, immerhin 150.000 Euro, hatte der 89-jährige Yuuki Hayato in der Schmutzwäsche versteckt. Gestern nun wusch seine Frau, Nanami, die Wäsche und hängte sie zum Trocknen auf den Balkon. Nur 40.367 Euro konnte Hayato im Gelände wiederfinden.

4 Junge von Mastiff gebissen

Pfaffenhofen. Am Sonntag, 22.April 2007, wurde der 12-jährige Marc in der Pfaffenhofener Innenstadt von einem Mastiff angegriffen und schwer verletzt. Der Hundebesitzer hatte den Hund nach Aussagen der Polizei nicht angeleint. Der Junge wurde in die Ilmtalklinik eingeliefert.

5 Es weihnachtet!

Donauwörth. Vorgestern, am 8.Dezember, wurde die Polizei in die Pebestraße gerufen. Eine Zeugin hatte beobachtet, wie ein Mann durch ein geöffnetes Fenster in ein Haus stieg. Wie es sich herausstellte, war es der Hausherr selber, der 62-jährige Hans-Kurt S. Befragt, warum er nicht die Türe benutzte, teilte S. den Polizisten mit, dass "Weihnachten vor der Tür stehe". Die Beamten brachten den Verwirrten in die Psychiatrische Klinik.

6 Kopfnüsse

Ilmmünster. Zu einem schmerzhaften Unfall kam es am Montag auf der Staatsstraße 4 zwischen Ilmmünster und Scheyern. Da er wegen dichten Nebels nichts sah, reckte der 55-jährige Oliver K. bei seiner Fahrt nach Scheyern den Kopf weit aus dem Autofenster. Auf der Höhe von Dingsdorf traf er auf den 18-jährigen Mario B., der ebenfalls seinen Kopf aus dem Fenster gereckt hatte. Beide Männer wurden mit schweren Kopfverletzungen ins Klinikum gebracht.

7 Er machte sich breit!

Wollongong. Zu langsam war der 26-jährige Arnold S., als er gestern in der ostaustralischen Stadt die Straße überquerte: Eine Straßenwalze überfuhr ihn. S. liegt immer noch im Krankenhaus, Zimmer 14, 15 und 16.

8 Gasexplosion

Berlin. In einem mehrstöckigen Haus im Stadtteil Kreuzberg ereignete sich gestern eine Gasexplosion, bei der eine Frau getötet sowie ein Mann und 2 Kinder schwer verletzt wurden. Nach Angaben der Polizei wurden gerade Baumaßnahmen an dem Gebäude durchgeführt. Vermutlich wurde dabei eine Gasleitung beschädigt.

D Name: ______________________ Datum: ______________

Unterrichtshilfe

Stichwortzettel zum Bericht

Titel: ______________________
Wer: ______________________
Wann: ______________________
Wo: ______________________
Was: ______________________
Warum: ______________________
____
Folgen: ______________________

Titel: ______________________
Wer: ______________________
Wann: ______________________
Wo: ______________________
Was: ______________________
Warum: ______________________
____
Folgen: ______________________

Titel: ______________________
Wer: ______________________
Wann: ______________________
Wo: ______________________
Was: ______________________
Warum: ______________________
____
Folgen: ______________________

Titel: ______________________
Wer: ______________________
Wann: ______________________
Wo: ______________________
Was: ______________________
Warum: ______________________
____
Folgen: ______________________

Titel: ______________________
Wer: ______________________
Wann: ______________________
Wo: ______________________
Was: ______________________
Warum: ______________________
____
Folgen: ______________________

Titel: ______________________
Wer: ______________________
Wann: ______________________
Wo: ______________________
Was: ______________________
Warum: ______________________
____
Folgen: ______________________

D	Name: ______________________	Datum: ______________

Ü= Überschrift
E= Einleitung
B= Bericht
S= Schluss

Berichten

Von Stichpunkten zum Bericht

Fülle mit diesen Angaben die Lücken!

Ü: Wertvolles Gemälde weg

E: Einbrecher Kevin K. (56) - Kunstmuseum Stockholm - Dienstag, 14.04.2007

B: Einstieg durch Klima-Anlage - hat Alarmanlage ausgeschaltet - erbeutet Bild *"Die Schlacht bei Köln"* - Wert: 2 Millionen Euro - Fingerabdrücke vorhanden

S: Belohnung: 3000 Euro - Polizei Stockholm - Tel. 000021/3456

Am ____________________ wurde in das ________________ Stockholm ein____ __________ und ein wertvolles Gemälde gestohlen. Der __-jährige Kevin K., an den ________________ eindeutig identifiziert, kam durch die ____________ und setzte die ____________ außer Betrieb. Nur das ____________________ teure Gemälde "______________________________" ließ er mitgehen. Hinweise über den Verbleib des Bildes bitte an die ________________ in ______________________________, Telefon ______________________. Für die Ergreifung des Täters ist eine ______________ von ________________________ ausgesetzt.

Fertige mit diesen Stichpunkten Berichte: BLOCK

1 Ü: Er schaute nicht um!

E: Verkehrsunfall - Radfahrer Erwin H. (12) - Autofahrer Horst S. (58) - München, Salvatorplatz - Dienstag 13^{00}

B: Autofahrer wollte Radfahrer überholen - Radfahrer unvermittelt nach links - Auto überrollte Rad - Erwin lag auf Straße - Zeugen

S: Fahrrad Totalschaden - Erwin: mit Schädelbasisbruch in Klinikum - Horst: Schock

2 Ü: Flugzeugabsturz

E: Absturz - Maschine Messerschmitt Me 323 der Paindorf Airlines - 5 Insassen - Absturzort: Förnbach - am gestrigen Mittwoch

B: Landeanflug auf Förnbach Airport - Fahrwerk nicht ausgefahren - Bauchlandung - Schleudern - Brand - Feuerwehr machtlos

S: alle 5 Insassen tot - Flughafen Förnbach 13 Stunden gesperrt

3 Ü: Gefährlicher Deutschunterricht

E: Schüler ______________________ (____Jahre) - Klassenzimmer ________ - Deutschstunde - eingeschlafen - Sturz vom Stuhl

B: Deutschstunde: Berichte schreiben - müde geworden - eingeschlafen - vom Stuhl gerutscht - auf Kopf gefallen - Helfer - Notruf

S: Krankenhaus - Gehirnerschütterung

4 Ü: Kind killt Kannibalin

E: Johann (8), seine Schwester Margarete (7), Frau H. Exe (57) - ein Wald bei Nürnberg - am letzten Dienstag - Kannibalin verbrannt

B: Johann und Margarete im Wald verlaufen - Unterkunft bei Frau H. Exe - wollte Johann backen - Margarete schob Frau H. Exe in Herd

S: vor Gericht auf Notwehr erkannt - Haus der Kannibalin abgerissen

D Name: ______________________ Datum: ______________

Ü= Überschrift
E= Einleitung
B= Bericht
S= Schluss

Berichten

Von Stichpunkten zum Bericht

Fülle mit diesen Angaben die Lücken!

Ü: Wertvolles Gemälde weg

E: Einbrecher Kevin K. (56) - Kunstmuseum Stockholm - Dienstag, 14.04.2007

B: Einstieg durch Klima-Anlage - hat Alarmanlage ausgeschaltet - erbeutet Bild *"Die Schlacht bei Köln"* - Wert: 2 Millionen Euro - Fingerabdrücke vorhanden

S: Belohnung: 3000 Euro - Polizei Stockholm - Tel. 000021/3456

Am **Dienstag, 14.04.07** wurde in das **Kunstmuseum** Stockholm ein **gebrochen** und ein wertvolles Gemälde gestohlen. Der **56**-jährige Kevin K., an den **Fingerabdrücken** eindeutig identifiziert, kam durch die **Klima-Anlage** und setzte die **Alarmanlage** außer Betrieb. Nur das **2 Millionen Euro** teure Gemälde "**Die Schlacht bei Köln"** " ließ er mitgehen. Hinweise über den Verbleib des Bildes bitte an die **Polizei** in **Stockholm**, Telefon **000021/3456**. Für die Ergreifung des Täters ist eine **Belohnung** von **3000 Euro** ausgesetzt.

Fertige mit diesen Stichpunkten Berichte:

1 Ü: Er schaute nicht um!

Ein schwerer Verkehrsunfall ereignete sich am Dienstag um 13 Uhr am Münchener Salvatorplatz. Beteiligt waren der 12-jährige Radfahrer Erwin H. und der 58-jährige Autofahrer Horst S. Der Autofahrer wollte laut Zeugenaussagen gerade den Radfahrer überholen, als der plötzlich nach links abbog. So wurden Erwin H. und sein Rad von dem Auto überrollt. Der Junge wurde sofort in das Klinikum gebracht. Diagnose: Schädelbasisbruch. Der Autofahrer erlitt einen Schock.

2 Ü: Flugzeugabsturz

Keine Chance hatten die 5 Insassen der Me 323 der Paindorf Airlines am gestrigen Mittwoch in Förnbach, als die Maschine nach einer Bruchlandung Feuer fing. Bis zum Landeanflug auf Förnbach Airport lief alles normal. Doch hier war das Fahrwerk nicht ausgefahren. Der Pilot musste eine Bauchlandung wagen. Dabei kam das Flugzeug ins Schleudern, Feuer brach aus. Die Hitze war so gewaltig, dass die Feuerwehr nichts mehr ausrichten konnte. Alle 5 Insassen waren wohl sofort tot. Der Flughafen Förnbach war 13 Stunden lang gesperrt.

3 Ü: Gefährlicher Deutschunterricht

Während der Deutschstunde ist der Schüler Max (13) in seinem Klassenzimmer eingeschlafen und vom Stuhl gefallen. Er musste, wie die anderen auch, gerade einen Bericht verfassen, als er langsam müde wurde und schließlich einschlief. So rutschte er vom Stuhl, fiel auf den Boden und verletzte sich dabei am Kopf. Die Lehrerin rief sofort den Notarzt herbei, Mitschüler wälzten ihn in die Seitenlage. Im Krankenhaus wurde eine mittelschwere Gehirnerschütterung festgestellt.

4 Ü: Kind killt Kannibalin

Am letzten Dienstag schon verbrannte die 7-jährige Margarete die 57-jährige Kannibalin H. Exe. Tatort war ein Wald bei Nürnberg, in dem Margarete mit ihrem 8-jährigen Bruder, Johann, spazieren ging. Dabei verliefen sich die zwei, erreichten schließlich die Holzhütte der Kannibalin und bekamen dort eine einstweilige Unterkunft. Als jedoch die Frau H. Exe den Johann im Herd backen wollte, drehte Margarete den Spieß um und schob die Alte in den Herd. Das Gericht verfügte nun, dass das Haus der alten Frau abgerissen werden sollte. Im Falle des Mädchens erkannte das Gericht auf Notwehr.

D	Name: ______________________________	Datum: __________________

Berichten

Von der *Erzählung* zum *Bericht*

Das ist eine **Sage** aus der Hallertau
(Hopfenanbaugebiet in Bayern):

Das Geisterbuch

Vor langer Zeit lebten in der Gegend von Wolnzach ein Mann und eine Frau. Als der Mann eines Abends von der Arbeit nach Hause ging, fand er auf der Straße ein Buch. Er nahm es mit.
Am darauffolgenden Sonntag war die Frau nicht zuhause, und so freute sich der Mann: "Da kann ich endlich einmal in das Buch hineinschauen und sehen, was drin steht!"
Als die Frau zur Türe herein kam, wollte der Mann aufspringen, doch er konnte nicht! Irgend eine geheime Kraft hielt ihn fest. Im nächsten Augenblick schrie sie auf: "Was ist das für ein großer Hund, der unterm Tisch hockt?" Der Mann jammerte: "Frau, ich kann nicht mehr aufstehen!" Entsetzt fragte sie ihn: "Was hast du denn gemacht?" Der Mann erwiderte: "Nichts. Nur in diesem Buch gelesen!" Da lief die Frau weg und holte den Pfarrer. Der gab dem Mann den guten Rat: "Du musst alles wieder zurück lesen!" Das tat der Mann. Mit jeder Zeile, die der Mann zurück las, wurde der Hund immer kleiner - und plötzlich war er verschwunden. Am Ende konnte der Mann wieder aufstehen.
(nach: Sagen aus der Hallertau, Regensburg 1983)

Stichpunkte:

wer? ______________________

wo? ______________________

wann? ______________________

was? ______________________

____

warum? ______________________

____

____

Folgen? ______________________

____

____

- ☐ Streiche alles (Wörter, Sätze), was **nicht** in den Bericht gehört!
- ☐ Markiere mit verschiedenen Farben die W-Angaben (wer? wo? wann? was? warum?)!
- ☐ Schreibe diese Angaben heraus!
- ☐ Fertige einen vollständigen Bericht!

Wandle ebenso in Berichte um:

Der Verkäufer und der Elch

Es gab einmal einen Verkäufer, der war berühmt dafür, dass er allen alles verkaufen konnte. "Ein wirklich guter Verkäufer bist du aber erst", sagten seine Freunde, "wenn du einem Elch eine Gasmaske verkaufst." Da ging der Verkäufer so weit nach Norden, bis er in einen Elchwald kam. "Guten Tag", sagte er zum ersten Elch, den er traf. "Sie brauchen bestimmt eine Gasmaske!" - "Wozu?" fragte der Elch. "Die Luft hier ist gut." - "Alle haben heute eine Gasmaske", meinte der Verkäufer. "Es tut mir Leid", sagte der Elch, "aber ich brauche keine." Da begann der Verkäufer in dem Wald, wo die Elche wohnten, eine Fabrik zu bauen. Als die Fabrik fertig war, stiegen so viele giftige Abgase aus dem Schornstein, dass der Elch bald zum Verkäufer kam und zu ihm sagte: "Jetzt brauche ich eine Gasmaske!" Lächelnd verkaufte ihm der Verkäufer eine. "Die anderen Elche", sagte der Elch, "brauchen jetzt auch Gasmasken. Hast du noch mehr?" - "Da habt ihr Glück", sagte der Verkäufer, "ich habe noch sehr viele!" - "Übrigens", fragte der Elch, "was machst du in deiner Fabrik?" - "Gasmasken", antwortete der Verkäufer.
(nach Franz Hohler)

Reize nie einen Kopfgeldjäger!

Es war im Wilden Westen des 19. Jahrhunderts, genauer gesagt am 03. Juli 1851 in der kalifornischen Stadt Sacramento. Die Saloontüre wurde aufgestoßen, herein kam Kopfgeldjäger Jim. Während alle erstarrten, baute der sich mit seinen O-Beinen vor den anderen auf. "Wer hat mein Pferd geklaut?" rief er zornig, beide Hände nahe an seinen Colts. Niemand meldete sich. "Wer mein Pferd geklaut hat, will ich wissen!" krächzte er mit bedrohlicher Stimme. "Wenn sich keiner meldet, passiert genau das Gleiche wie vor zwei Jahren in Dodge City!" Alle wurden unruhig. "Dein Pferd", stammelte schließlich Cowboy John," steht hinterm Haus angebunden. Ich wollte es bloß ein bisschen verstecken, Jim, ehrlich...!" - Mit ruhiger Stimme sprach Jim: "Mein lieber Mann, mach das nicht nochmal!" Dabei entspannte er sich und trat auf den Tresen zu. Alles atmete auf. "Sag mal, Jim", fragte ihn der Wirt, "was ist eigentlich damals vor zwei Jahren in Dodge City passiert?" - "Na, dass ich damals eben zu Fuß nach Hause gehen musste!" erwiderte Jim. Mit diesen Worten schlürfte er seinen ersten Whisky.

D	Name: ______________________	Datum: ______________

Berichten

Von der *Erzählung* zum *Bericht*

Das ist eine **Sage** aus der Hallertau
(Hopfenanbaugebiet in Bayern):

Das Geisterbuch

Vor langer Zeit lebten in der Gegend von Wolnzach ein Mann und eine Frau. Als der Mann eines Abends von der Arbeit nach Hause ging, fand er auf der Straße ein Buch. Er nahm es mit.

Am darauffolgenden Sonntag war die Frau nicht zuhause, und so freute sich der Mann: "Da kann ich endlich einmal in das Buch hineinschauen und sehen, was drin steht!"

Als die Frau zur Türe herein kam, wollte der Mann aufspringen, doch er konnte nicht! Irgend eine geheime Kraft hielt ihn fest. Im nächsten Augenblick schrie sie auf: "Was ist das für ein großer Hund, der unterm Tisch hockt?" Der Mann jammerte: "Frau, ich kann nicht mehr aufstehen!" Entsetzt fragte sie ihn: "Was hast du denn gemacht?" Der Mann erwiderte: "Nichts. Nur in diesem Buch gelesen!" Da lief die Frau weg und holte den Pfarrer. Der gab dem Mann den guten Rat: "Du musst alles wieder zurück lesen!" Das tat der Mann. Mit jeder Zeile, die der Mann zurück las, wurde der Hund immer kleiner - und plötzlich war er verschwunden. Am Ende konnte der Mann wieder aufstehen.

(nach: Sagen aus der Hallertau, Regensburg 1983)

Stichpunkte:

wer? **Mann, Frau, Pfarrer**

wo? **Gegend von Wolnzach**

wann? **vor langer Zeit**

was? **unheimliche Vorgänge - Pfarrer gab Tipp**

warum? **Mann hatte in gefundenem Buch gelesen**

Folgen? **Erstarrung, Hund unter Tisch - zurück lesen: Spuk weg**

- ❑ Streiche alles (Wörter, Sätze), was **nicht** in den Bericht gehört!
- ❑ Markiere mit verschiedenen Farben die W-Angaben (wer? wo? wann? was? warum?)!
- ❑ Schreibe diese Angaben heraus!
- ❑ Fertige einen vollständigen Bericht!

Wandle ebenso in Berichte um:

Der Verkäufer und der Elch

Einem Verkäufer gelang es im hohen Norden, einem Elch ein Produkt anzudrehen, das der Elch - und mit ihm alle anderen Elche - nie brauchte: Gasmasken! Ein erstes Verkaufsgespräch zwischen Verkäufer und einem Elch verlief erfolglos. Damit die Elche Gasmasken brauchten, baute der Verkäufer im Elchwald eine Fabrik, deren Schadstoffausstoß enorm war. Die Luft im Wald wurde giftig. Nun brauchten die Elche Gasmasken. Besondere Ironie der Geschichte: In der Fabrik im Elchwald wurden Gasmasken hergestellt!

Reize nie einen Kopfgeldjäger!

Sacramento. Gefährliche Lage zwischen dem berüchtigten Kopfgeldjäger Jim und den Besuchern des Saloons in der kalifornischen Stadt Sacramento! Der Killer stürmte am 03. Juli durch die Türe, baute sich drohend auf und fragte, wer sein Pferd geklaut habe. Nachdem sich niemand für schuldig bekannte, drohte er mit Ähnlichem wie vor zwei Jahren in Dodge City passierte (Zeitung berichtete). Der harmlose Cowboy John gab schließlich zu, das Pferd aus Jux versteckt zu haben. Er entschuldigte sich bei Jim. Der ließ sich erweichen und begab sich zur Theke. Auf die Frage des Wirts, was denn vor zwei Jahren in Dodge City passiert sei, verriet Jim, er habe damals zu Fuß nach Hause gehen müssen. Mit einem Whisky beruhigte sich Jim schließlich.

D	Name: ____________________	Datum: ______________

Berichten

Von *der Lageskizze* zum *Bericht*

DIE VORFAHRT GENOMMEN!

Diese Skizze fertigte ein Polizist nach dem Unfall:

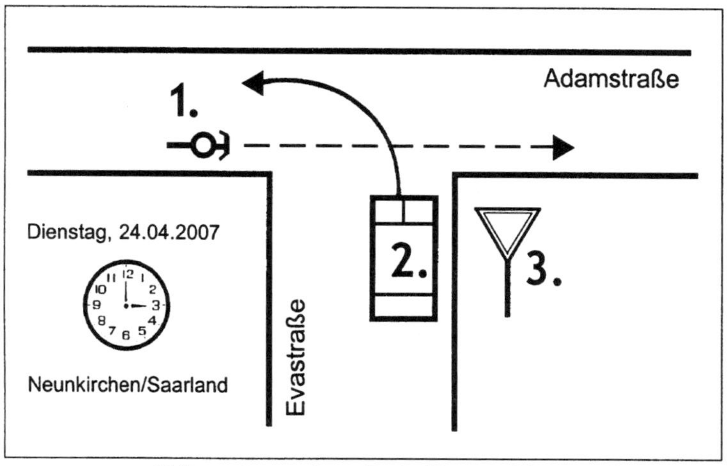

Wir geben den Beteiligten Namen!

Wir lesen daraus diese Daten:

Wo: ____________________

____

Wann: ____________________

Wer: 1: ____________________

2: ____________________

Was: ____________________

Warum: 3: ____________________

____

Folgen: ____________________

____

Das ist der Zeitungsbericht:

Neunkirchen. Zu einem gefährlichen Zusammenstoß kam es am ______________ gegen __________ Uhr an der Einmündung der ____________straße in die ____________straße. Wie die Polizei mitteilte, beachtete der __________fahrer ______________ (Name) das __________ ____________________schild nicht und bog ohne anzuhalten nach ______________in die ____________straße ein. So überrollte er den __________fahrer ______________ (Name), der auf der __________straße gerade aus fahren wollte. Der ____________fahrer zog sich schwere ____________________ am ______________ zu. Er hält sich noch im Krankenhaus auf.

BEGRIFFE

Welche Teile des Fahrrades können durch einen Unfall beschädigt werden?

Scheinwerfer, ____________________

____

Welche Teile des Autos können durch einen Unfall beschädigt werden?

Stoßstange, ____________________

____

Beschreibe die beschädigten Teile der Fahrzeuge: ***Sie sind***

zerbeult, ____________________

____

Welche Verletzungen könnte ein Radfahrer erleiden?

Schädelbruch, ____________________

____

D Name: ____________________ Datum: ____________________

Berichten

Von *der Lageskizze* zum *Bericht*

DIE VORFAHRT GENOMMEN!

Diese Skizze fertigte ein Polizist nach dem Unfall:

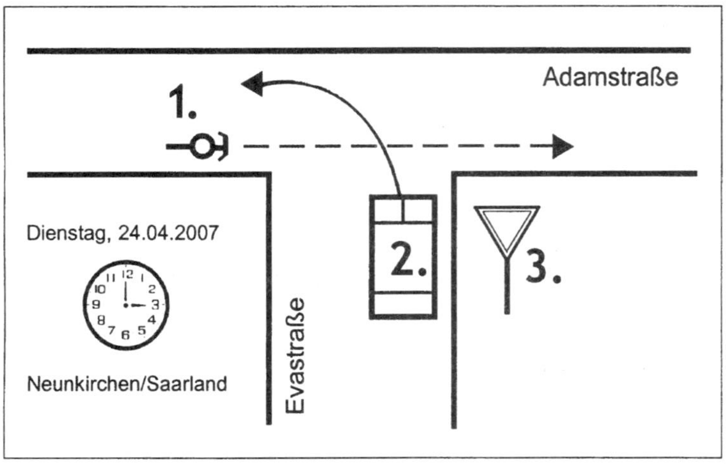

Wir geben den Beteiligten Namen!

Wir lesen daraus diese Daten:

Wo: **Neunkirchen - Einmündung Evastr. in die Adamstraße**

Wann: **Dienstag, 24.04., 15 Uhr**

Wer: 1: **Radfahrer N.N.**

2: **Autofahrer N.N.**

Was: **Verkehrsunfall**

Warum: 3: **Autofahrer beachtete nicht "Vorfahrt gewähren"**

Folgen: **Radfahrer xy- Verletzung - ins Krankenhaus - . . .**

Das ist der Zeitungsbericht:

Neunkirchen. Zu einem gefährlichen Zusammenstoß kam es am **Dienstag, 24.04.2007** gegen **15** Uhr an der Einmündung der **Eva**straße in die **Adam**straße. Wie die Polizei mitteilte, beachtete der **Auto**fahrer **N.N.** (Name) das **Vor-fahrt - Gewähren -** schild nicht und bog ohne anzuhalten nach **links** in die **Adam**straße ein. So überrollte er den **Rad**fahrer **N.N.** (Name), der auf der **Adam**straße gerade aus fahren wollte. Der **Rad**fahrer zog sich schwere **Verletzungen** am **Schienbein** zu. Er hält sich noch im Krankenhaus auf.

BEGRIFFE

Welche Teile des Fahrrades können durch einen Unfall beschädigt werden?

Scheinwerfer, **Lenkstange, Sattel, Pedale, Rückleuchte, Katzenauge, Speichen, Gangschaltung, Kette, Rahmen, ...**

Welche Teile des Autos können durch einen Unfall beschädigt werden?

Stoßstange, **Kotflügel, Dach, Boden, Leuchten, Rückleuchten, Fahrertüre, Beifahrertüre, Auspuff, Reifen, Felgen, Lack, Motorraumdeckel, ...**

Beschreibe die beschädigten Teile der Fahrzeuge: ***Sie sind***

zerbeult, **zerkratzt, abgewetzt, verbogen, zertrümmert, gesplittert, gerissen, gestaucht, aufgerissen, eingedrückt, lose, aufgeschlitzt, ...**

Welche Verletzungen könnte ein Radfahrer erleiden?

Schädelbruch, **Gehirnerschütterung, Knochenbrüche, Weichteilverletzung, innere Blutungen, Wunden, Gliedmaßenabriss, Quetschung, Verrenkung, Tod, ...**

D Name: ______________________ Datum: ______________

Berichten

Unfallgeschehen aus der *Sicht der Beteiligten*

Das ist passiert:

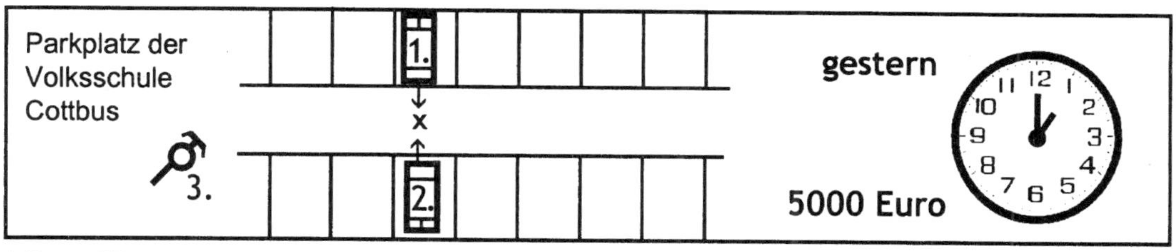

Das sagen die drei Beteiligten:

Fahrer 1: Thomas G. (45) **Fahrer 2**: Angela M. (52) **Zeuge** Daniel K. (14)

Die W-Fragen und die Antworten darauf stehen fest: *Siehe Skizze.*
Bei der **WIE**-Frage aber streiten sich die beteiligten Personen.

Die Aussagen der drei im Polizei-Protokoll:

Fahrer 1 (Thomas G.) sagt aus, dass ______________________________

____

Fahrerin 2 (Angela M.) sagt aus, dass ______________________________

____

Zeuge Daniel K. sagt aus, dass ______________________________

____

BERICHT

Cottbus. Zu einem harmlosen ______________ an den Hinterteilen ihrer Autos führte __________ der Versuch zweier Autofahrer am _________ der Volksschule Cottbus, gleichzeitig aus ihren Parkbuchten zu fahren. Angela M. (52) meinte, der in der gegenüber liegenden Parkbucht parkende _________(45) hätte ihr ein _________ gegeben, dass sie losfahren könne. G. ________ das. Der ______________ Daniel K. (14) sagte aus, dass sich keiner der beiden Fahrer durch Umschauen oder _________ in den ______________ absicherte. Auch __________hätte er keines gesehen. Der Gesamtschaden beläuft sich auf ca.______Euro.

D Name: ______________________ Datum: ______________

Berichten

Unfallgeschehen aus der *Sicht der Beteiligten*

Das ist passiert:

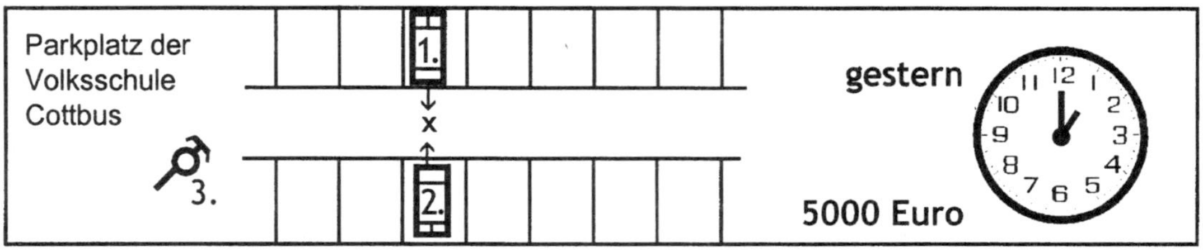

Das sagen die drei Beteiligten:

Fahrer 1: Thomas G. (45) **Fahrer 2**: Angela M. (52) **Zeuge** Daniel K. (14)

Die W-Fragen und die Antworten darauf stehen fest: *Siehe Skizze.*
Bei der **WIE**-Frage aber streiten sich die beteiligten Personen.

Die Aussagen der drei im Polizei-Protokoll:

Fahrer 1 (Thomas G.) sagt aus, dass **er *zuerst* losgefahren sei und kein Zeichen gegeben habe. Er habe sich nur an der Schulter gekratzt.**

Fahrerin 2 (Angela M.) sagt aus, dass **sie ein Zeichen des Gegners erkannt habe.**

Zeuge Daniel K. sagt aus, dass **die beiden nicht umgeschaut oder in den Rückspiegel geblickt hätten. Zeichen habe er keines gesehen.**

BERICHT

Cottbus. Zu einem harmlosen **Zusammenstoß** an den Hinterteilen ihrer Autos führte **gestern** der Versuch zweier Autofahrer am **Parkplatz** der Volksschule Cottbus, gleichzeitig aus ihren Parkbuchten zu fahren. Angela M. (52) meinte, der in der gegenüber liegenden Parkbucht parkende **Thomas G.** (45) hätte ihr ein **Zeichen** gegeben, dass sie losfahren könne. G. **bestreitet** das. Der **Zeuge** Daniel K. (14) sagte aus, dass sich keiner der beiden Fahrer durch Umschauen oder **Blick** in den **Rückspiegel** absicherte. Auch **Zeichen** hätte er keines gesehen. Der Gesamtschaden beläuft sich auf ca. **5000** Euro.

D	Name: ____________________	Datum: ______________

Berichten

Vom *Bericht* zur *Schilderung*

ANSCHLAG AUF DAS SCHULKLO

So - oder so ähnlich - berichtete die Zeitung:

Nowosibirsk. Von der Putzfrau ertappt wurde die 12-jährige Schülerin Susi W. am Freitag, als sie die Kloschüssel in der Mädchentoilette der Hauptschule verstopfte und eine Überschwemmung verursachte. Aus Wut über ihre schlechten Noten hatte sich die Zwölfjährige nach 13 Uhr im Klo eingeschlossen, mit der Bürste zwei ganze Papierrollen in die Schüssel gestopft und mindestens 5 Minuten lang die Spülung gedrückt. Als kurz darauf die Putzfrau Erna M. (58) die Toilette betrat, stand dort schon das Wasser 1 cm hoch. Die erzürnte Frau schleppte die Übeltäterin zum Schulleiter, Otmar H. (53). Der verdonnerte die Schülerin jetzt zum Putzdienst: Eine Woche lang muss Susi alle Toiletten der Schule säubern.

Die Beteiligten schildern den Vorfall so:

Rektor Otmar H.
schildert aus seiner Sicht

Zuerst war ich verärgert, als um 13:10 Uhr die Putzfrau in mein Zimmer stürzte - eine Schülerin im Schlepptau. Als ich jedoch ihr Gesicht sah - vor Zorn zur Grimasse verzogen - ahnte ich Schreckliches! Und schon legte die Frau los:"Das ist eine Sauerei! Stellen Sie sich vor, was diese....!" Während mir die Putzfrau den Vorfall schilderte, wuchs auch mein Zorn. Schon wollte ich das Mädchen, das bisher noch nichts gesagt hatte, zur Schnecke machen, anbrüllen, in der Luft zerreißen......Doch ich bremste mich selber und meinte nur ruhig: "Schauen wir uns das mal an!" So gingen wir drei zur Mädchentoilette. Ja, das war wirklich eine Sauerei! Die Kloschüssel total verstopft, das Wasser auf dem Boden. "Hm", dachte ich laut, "was machen wir denn da?" Und zu der Schülerin gewandt:"Was sagst du denn dazu?" Das Mädchen blickte zum Boden und schwieg. Ich musste mich schon sehr zusammenreißen, um nicht doch noch den Wutanfall zu bekommen. "Ich hab's!" rief ich schließlich. "Du wirst das hier jetzt aufwischen und dann eine Woche lang der Putzfrau helfen, die Toiletten zu säubern." Während wir auseinander gingen, klopfte ich mir selbst auf die Schulter. Ja, ich war stolz auf meinen Einfall!

Putzfrau Erna M.
schildert aus ihrer Sicht

Schülerin Susi W.
schildert aus ihrer Sicht

D	Name: ______________________	Datum: ______________

Berichten

Vom *Bericht* zur *Schilderung*

So - oder so ähnlich - berichtete die Zeitung:

Nowosibirsk. Von der Putzfrau ertappt wurde die 12-jährige Schülerin Susi W. am Freitag, als sie die Kloschüssel in der Mädchentoilette der Hauptschule verstopfte und eine Überschwemmung verursachte. Aus Wut über ihre schlechten Noten hatte sich die Zwölfjährige nach 13 Uhr im Klo eingeschlossen, mit der Bürste zwei ganze Papierrollen in die Schüssel gestopft und mindestens 5 Minuten lang die Spülung gedrückt. Als kurz darauf die Putzfrau Erna M. (58) die Toilette betrat, stand dort schon das Wasser 1 cm hoch. Die erzürnte Frau schleppte die Übeltäterin zum Schulleiter, Otmar H. (53). Der verdonnerte die Schülerin jetzt zum Putzdienst: Eine Woche lang muss Susi alle Toiletten der Schule säubern.

Die Beteiligten schildern den Vorfall so:

Rektor Otmar H.
schildert aus seiner Sicht

Zuerst war ich verärgert, als um 13:10 Uhr die Putzfrau in mein Zimmer stürzte - eine Schülerin im Schlepptau. Als ich jedoch ihr Gesicht sah - vor Zorn zur Grimasse verzogen - ahnte ich Schreckliches! Und schon legte die Frau los:"Das ist eine Sauerei! Stellen Sie sich vor, was diese....!" Während mir die Putzfrau den Vorfall schilderte, wuchs auch mein Zorn. Schon wollte ich das Mädchen, das bisher noch nichts gesagt hatte, zur Schnecke machen, anbrüllen, in der Luft zerreißen......Doch ich bremste mich selber und meinte nur ruhig: "Schauen wir uns das mal an!" So gingen wir drei zur Mädchentoilette. Ja, das war wirklich eine Sauerei! Die Kloschüssel total verstopft, das Wasser auf dem Boden. "Hm", dachte ich laut, "was machen wir denn da?" Und zu der Schülerin gewandt:"Was sagst du denn dazu?" Das Mädchen blickte zum Boden und schwieg. Ich musste mich schon sehr zusammenreißen, um nicht doch noch den Wutanfall zu bekommen. "Ich hab's!" rief ich schließlich. "Du wirst das hier jetzt aufwischen und dann eine Woche lang der Putzfrau helfen, die Toiletten zu säubern." Während wir auseinander gingen, klopfte ich mir selbst auf die Schulter. Ja, ich war stolz auf meinen Einfall!

Also, diese Jugend heute, nein, so schlimm waren wir nicht! Da ging ich heute, wie jeden Mittag, zuerst ins Mädchenklo, weil es dort immer besonders schmutzig ist. Und was sah ich da? Alles unter Wasser! Und dort, in der Kabine, beugte sich ein Mädchen über die Schüssel und - lachte! "He, du!" rief ich, als ich wieder klar denken konnte, "was machst du da, du Sau!" Das Mädchen schnellte hoch und blieb stumm. Ich trat zur Schüssel und schaute mir die Bescherung an. Schon wollte ich weiterschimpfen, aber ich riss mich zusammen. Fest packte ich das Mädchen am Arm und zog es zum Schulleiterzimmer. Die Übeltäterin wehrte sich nicht mal! Dort, beim Schulleiter, schimpfte ich los. Herr Otmar H. ging mit uns zum Klo und schaute sich die Bescherung an. Und er verdonnerte die Schülerin zu einer Woche Putzdienst auf den Schulklos. Na, das kann ja was werden! Ich sagte dazu lieber nichts - aber: Dieses Ferkel soll die Klos sauber halten? Da lachen ja die Hühner! Dieses Mädchen behalte ich im Auge!!!!

Putzfrau Erna M.
schildert aus ihrer Sicht

Schülerin Susi W.
schildert aus ihrer Sicht

Das war heute kein Tag für mich! Nein,heute hätte ich lieber im Bett bleiben sollen. Erst gabs in Mathe eine Sechs, dann in Englisch das selbe, und schließlich, weils ja noch nicht reichte, auch noch im Aufsatz eine "tolle" Note! "Diese blöde Schule!" rief ich nach Schulschluss (als der letzte Lehrer weg war). "Diese blöden Lehrer!" Eine Wut hatte ich im Bauch!!! Ich musste ganz einfach etwas kaputt machen! Jetzt gleich! So lief ich nicht aus dem Schulhaus, sondern in die Toilette. Ich packte ein paar Rollen Klopapier, warf sie in die Schüssel und stopfte sie mit der Bürste in den Abfluss. "So, das habt ihr davon!" rief ich triumphierend. Jetzt noch einige Minuten die Spülung gedrückt...."Passt schon!" dachte ich, als das Wasser über den Schüsselrand schwappte und auf den Boden lief. Schon fühlte ich mich besser. Doch da kam das Unvermeidliche: Die Putzfrau überraschte mich! Schimpfen konnte die! Ich sprach kein Wort - auch nicht, als sie mich zum Rektor schleppte; und erst recht nicht, als der mich befragte. Ich musste auch mit, als der Chef mein Kunstwerk betrachtete. Jetzt darf ich eine Woche die Klos putzen? Von wegen! Denen zeig ich es schon!

D	Name: ______________________	Datum: ______________

Zeitungsberichte:

Wir legen eine Sammlung an

Die ***Tageszeitung*** enthält viele Berichte über Verkehrsunfälle, Skandale, Verbrechen usw. Nutzen wir das Angebot und sammeln, was uns interessant erscheint.

Dabei sollten wir **ordnen**: Verkehrsunfall – Sportliches – Skandale – Politik – Seltsames ...

rot

Verkehrsunfall

Motorradfahrer übersehen

wo?
warum?
wer?
wann?
wie?
was?
Folgen?

Wolnzach (WZ) Beim Abbiegen von der Kellerstraße in die Klosterstraße übersah ein 21-jähriger Fordlenker am Mittwoch gegen 17 Uhr einen entgegenkommenden Motorradfahrer. Es kam zum Zusammenstoß, bei dem niemand verletzt wurde. Der Sachschaden an den Fahrzeugen beträgt rund 1600 Euro.

Pfaffenhofener Kurier

blau

Seltsames

Tierischer „Musikgenuss“

Ein Hund hat in Dresden zu nächtlicher Stunde die Nerven von Anwohnern auf eine harte Probe gestellt. Nach Angaben der Polizei war der Vierbeiner von seinem Herrchen in einem Wohnmobil zurückgelassen worden und schaltete beim Rumschnüffeln die Musikanlage an. Offenbar drehte er das Gerät dabei bis zum Anschlag auf. Die Polizei löste das Problem, indem sie das Lautsprecherkabel durch einen Türspalt von außen kappte. *dpa*

Pfaffenhofener Kurier

Und was tun wir damit?

Wir können

- die Berichte nach dem richtigen Aufbau (E- H - S) untersuchen und überprüfen, ob alle geforderten Angaben enthalten sind (**W**-Fragen);
- die Rolle eines Beteiligten übernehmen und das Geschehen aus seiner/ihrer Sicht schildern;
- Skizzen/Pläne zur besseren Orientierung anfertigen;
- manches Geschehen in Rollenspielen nachstellen (“Theater spielen”);
- unsere Sammelergebnisse in der Klasse austauschen und Meinungen einholen.

Sprech-/Schreibanlass, Übung, Anwendung

Bilder und Skizzen

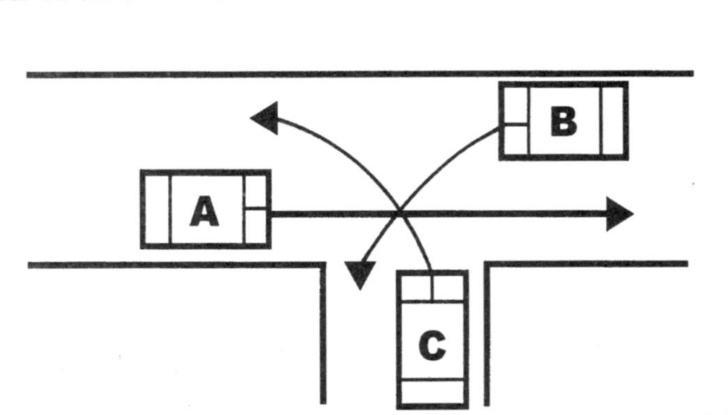

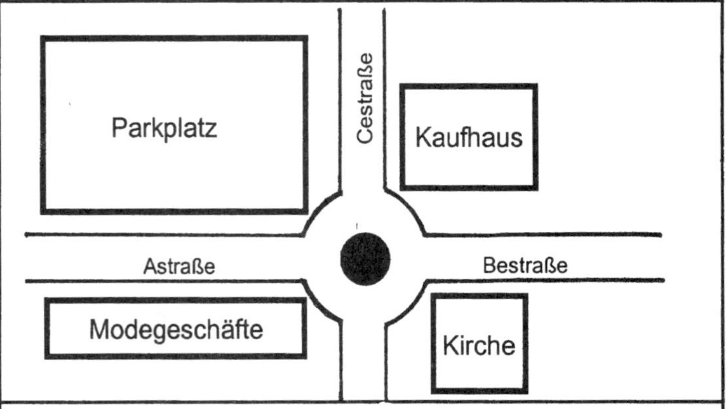

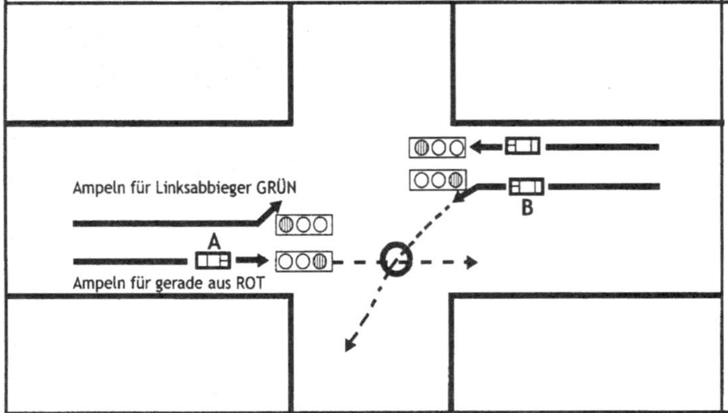

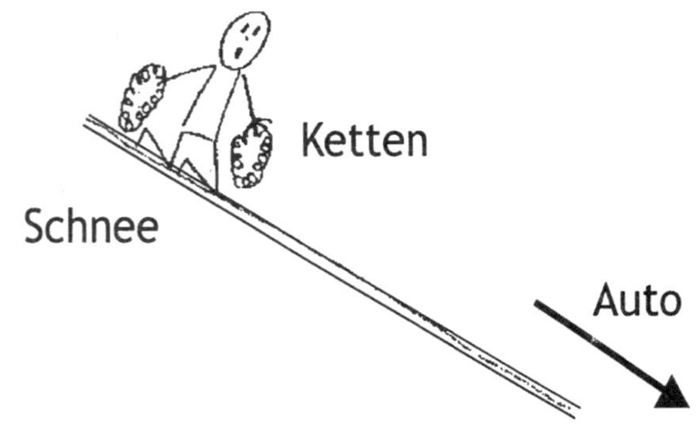

hutfahrer.de

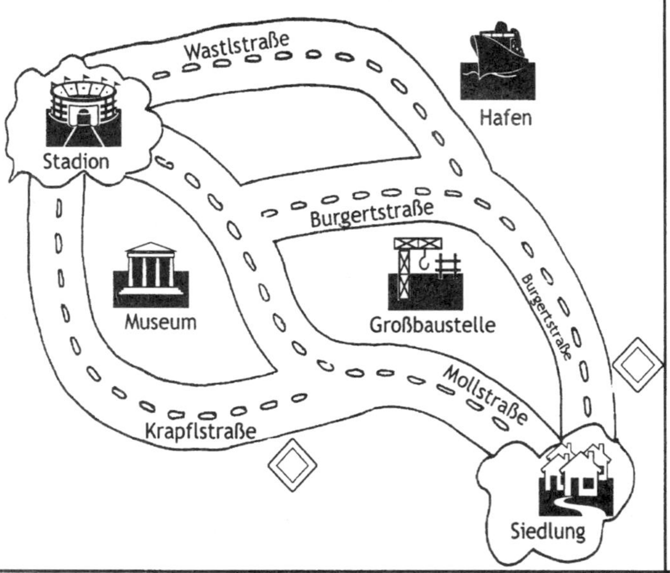

lachmeister.de

tk-logo.de

Berichten

Fotostory: *Unfall im Vollrausch*

"Ich hol eine neue Flasche, hicks!"

"Ich geh in den Keller hinab!"

"Au, au.....!"

"Hallo, schicken Sie den Notarzt!"

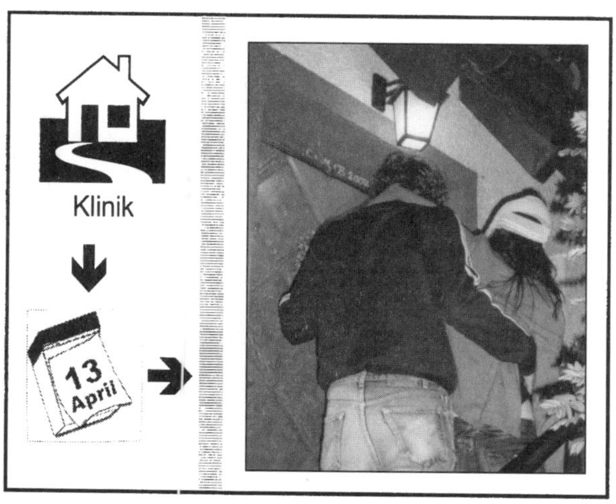

"Wieder zu Hause! Hier ist es doch schöner als im Krankenhaus?!"

The End

Berichten

Wortschatz zum Verkehrsunfall

WER ?	**Verkehrsteilnehmer** Radler, Radfahrer, Fußgänger, Passant, Mopedfahrer, Motorradfahrer, Autofahrer, PKW-Fahrer, Lastwagenfahrer, LKW-Fahrer, Personengruppe, Wanderer, Zeuge; weitere: ______________________ ______________________ **Fahrzeuge** Kraftwagen, Kraftfahrzeug, Auto, Wagen, Personenkraftwagen (PKW), Lastkraftwagen (LKW), Lieferwagen, Kombiwagen, Firmenwagen, Tankwagen, Polizeiauto, Feuerwehrauto, Krankenwagen, Rettungswagen, Omnibus (Bus), Motorrad, Krad, Maschine, Motorroller, Mofa, Fahrrad, Rad, Kinderrad, Damenrad, Herrenrad, Dreirad; weitere: ______________________ ______________________
WO ?	Straße, Autobahn, Fahrbahn, Weg, Gehweg, Gehsteig, Bürgersteig, Kreuzung, Unterführung, Abzweigung, Einmündung, Kurve, Biegung, Wegkrümmung, Kehre, Links-/Rechtskurve, Bergkuppe, unübersichtliche Stelle, Brücke, Ortsende, Ortsbeginn, Ortsmitte, Parklücke; weitere: ______________________ ______________________ **Zeichen**: Verkehrsschild, Warndreieck, Halteverbot, Parkverbot, Vorfahrtszeichen, Stoppschild, Ampel, Rotlicht, Lichthupe; weitere: ______________________ ______________________
WIE ?	**Verkehrshindernis** Stockung, Stau, Autoschlange, unbeleuchtet, Glatteis, Wasserglätte, Aquaplaning, Querrinne, verschmutzte Fahrbahn; weitere: ______________________ ______________________

Formular (Europäischer Unfallbericht; *Quelle: http://Kfz-Auskunft.de*)

Unfallbericht

Keine Schuldanerkenntnis, sondern eine Wiedergabe des Unfallherganges zur schnelleren Schadenregulierung.

Von beiden Fahrzeuglenkern auszufüllen

1. Tag des Unfalles	Uhrzeit	**2. Ort** (Gemeinde, Straße, Haus-Nr. bzw. Kilometerstein)	**3. Verletzte?** (auch leicht) nein ☐ ja ☐ *
4. Andere Sachschäden als an den Fahrzeugen A u. B nein ☐ ja ☐		**5. Zeugen** (Name, Anschrift, Telefon; *Insassen von A und B unterstreichen*)	

Fahrzeug A

6. Versicherungsnehmer (siehe Kfz-Schein/ Grüne Versicherungskarte)

Name: ________

Vorname: ________

Anschrift: ________

Telefon: ________

Besteht Berechtigung zum Vorsteuerabzug? nein ☐ ja ☐

7. Fahrzeug

Marke, Typ: ________

Amtl. Kennzeichen: ________

8. Versicherer

Vers.-Nr: ________

Agent: ________

Nr. der Grünen Karte: ________

Versicherungsausweis oder Grüne Karte | gültig bis: ________

Besteht eine Vollkaskoversicherung? nein ☐ ja ☐

9. Fahrer (siehe Führerscheindaten)

Name: ________

Vorname: ________

Adresse: ________

Führerschein-Nr: ________

Klasse: ____ ausgestellt durch: ________

gültig ab ______ bis ______
(Für Omnibusse, Taxis usw.)

10. Bezeichnen Sie durch einen Pfeil den Punkt des ersten Anstoßes. ↓

11. Sichtbare Schäden

____

14. Bemerkungen

____

A

12. Umstände

Bitte ankreuzen, soweit für die Beschreibung der Skizze sachdienlich

A			B
☐	1	Fahrzeug parkte (auf der Straße)	1
☐	2	fuhr aus der Parkstelle heraus	2
☐	3	fuhr in eine Parkstelle hinein	3
☐	4	fuhr aus einem Parkplatz, aus einem Grundstück oder einem Feldweg/Privatweg heraus	4
☐	5	fuhr auf einen Parkplatz, bog in ein Grundstück oder einen Feldweg/Privatweg ein	5
☐	6	bog in einen Kreisverkehr ein	6
☐	7	fuhr im Kreisverkehr	7
☐	8	fuhr heckseitig auf ein anderes Fahrzeug auf bei Fahrt in dieselbe Richtung und auf derselben Fahrspur	8
☐	9	fuhr in gleicher Richtung, aber in einer anderer Spur	9
☐	10	wechselte die Spur	10
☐	11	überholte	11
☐	12	bog rechts ab	12
☐	13	bog links ab	13
☐	14	setzte zurück	14
☐	15	fuhr in die Gegenfahrbahn	15
☐	16	kam von rechts	16
☐	17	beachtete Vorfahrtszeichen nicht	17
☐	◄	**Anzahl der angekreuzten Felder**	►

13. Unfallskizze

Bezeichnen Sie: 1. Straßenführung 2. Richtung der Fahrzeuge A und B (durch Pfeile) 3. Ihre Position im Moment des Zusammenstoßes 4. Straßenschilder 5. Straßennamen

15. Unterschrift beider Fahrer

A B

Fahrzeug B

6. Versicherungsnehmer (siehe Kfz-Schein/ Grüne Versicherungskarte)

Name: ________

Vorname: ________

Anschrift: ________

Telefon: ________

Besteht Berechtigung zum Vorsteuerabzug? nein ☐ ja ☐

7. Fahrzeug

Marke, Typ: ________

Amtl. Kennzeichen: ________

8. Versicherer

Vers.-Nr: ________

Agent: ________

Nr. der Grünen Karte: ________

Versicherungsausweis oder Grüne Karte | gültig bis: ________

Besteht eine Vollkaskoversicherung? nein ☐ ja ☐

9. Fahrer (siehe Führerscheindaten)

Name: ________

Vorname: ________

Adresse: ________

Führerschein-Nr: ________

Klasse: ____ ausgestellt durch: ________

gültig ab ______ bis ______
(Für Omnibusse, Taxis usw.)

10. Bezeichnen Sie durch einen Pfeil den Punkt des ersten Anstoßes. ↓

11. Sichtbare Schäden

____

14. Bemerkungen

____

Formular (aus Österreich; *Quelle: http://service.sozialversicherung.at*)

AUVA

Unfallmeldung für Schüler

gemäß § 363 Abs. 4 des Allgemeinen Sozialversicherungsgesetzes (ASVG)

WICHTIG: Bei jeder körperlichen Schädigung besteht gesetzliche Meldepflicht innerhalb von fünf Tagen. Unfälle mit Zahnschäden oder Beschädigung von prothetischen Hilfsmitteln sind jedenfalls zu melden.

1. Unfallzeitpunkt Datum Uhrzeit
☐ Mo ☐ Di ☐ Mi
☐ Do ☐ Fr ☐ Sa ☐ So

DATEN DER SCHULE

2. Schule (Anschrift, PLZ/Ort)

Schulkennzahl

3. Klasse

4. Für Rückfragen (Ansprechpartner/Tel.-Nr.)

5. Schultyp
☐ VS ☐ BMS ☐ Sonderschule
☐ HS ☐ BHS ☐ polytechn. Schule
☐ AHS ☐ BAKI ☐ andere:

6. Privatschule: ☐ ja ☐ nein

DATEN DES/DER VERUNFALLTEN SCHÜLERS/SCHÜLERIN

7. FAMILIENNAME
Vorname
Wohnanschrift

8. Vers.-Nr. Geburtsdatum
Tag Monat Jahr

9. Geschlecht
☐ männlich
☐ weiblich

10. Name und Anschrift des gesetzlichen Vertreters

11. Staatsbürgerschaft
☐ Österreich ☐ andere:

12. In der gesetzl. Krankenversicherung mitversichert?
☐ ja ☐ nein ☐ konnte nicht erhoben werden

13. (geplante) Anwesenheitszeit des/der Verletzten am Unfalltag Beginn: Ende:

14. Dauer der Unterrichtsstunde, in der der Unfall passierte Beginn: Ende:

ANGABEN ZUM UNFALLGESCHEHEN UND ZU DEN UNFALLFOLGEN

15. Unterrichtsart (bitte auch Angabe: **Welche?**)
☐ Pflichtgegenstand ☐ Schulveranstaltung
☐ Freigegenstand ☐ schulbezogene Veranstaltung
☐ unverbindliche Übung ☐ Nachmittagsbetreuung
☐ Pause ☐ Sonstige
Welche:

16. Unfallstelle (bitte **genau** angeben, z.B. welcher Raum, wenn nicht ident mit der o. a. Anschrift, auch die Adresse)

17. Sportunfall ☐ ja ☐ nein

18. Unfallhergang (bitte **unbedingt** Tätigkeit, verletzungsbewirkenden Gegenstand/Arbeitsstoff und Unfallursache angeben)

Bericht über das Unfallgeschehen durch ☐ Verletzte/n selbst ☐ Mitschüler ☐ Lehrer ☐ andere Person

19. Bei Wegunfällen
☐ zur Schule ☐ von der Schule
☐ sonstiger Weg
Ausgangsort:
Zielort:
Zweck des Weges:

20. Bitte um Angabe bei Verkehrsunfällen:
Wie bzw. womit war der/die Verletzte unterwegs?
☐ Fußgänger ☐ Fahrrad
☐ PKW-Insasse ☐ Skateboard
☐ öffentl. Verkehrsmittel ☐ Inline-Skater
☐ Moped/Motorrad ☐ anderes

21. Rettungseinsatz? ☐ ja ☐ nein ☐ nicht bekannt

22. Unfall mit tödlichem Ausgang? ☐ ja ☐ nein

23. Erhebung durch Polizei/Gendarmerie? ☐ ja, Dienststelle: ☐ nein ☐ nicht bekannt

24. Verletzter Körperteil (Körperseite?)

25. Verletzungsart

26. Behandlung im Krankenhaus ☐ ja ☐ nein
Wann und welches? ☐ ambulant ☐ stationär

27. Arztbehandlung (außerhalb eines Krankenhauses)
☐ ja (Name, Anschrift u. Datum angeben) ☐ nein

28. Ort, Datum der Ausfertigung
Dienstsiegel und Unterschrift des Schulleiters

U.-Nr.

ZVA-003SCH-0504e

SCH

DVR: 0024163

PRAKTISCHE DARSTELLUNG

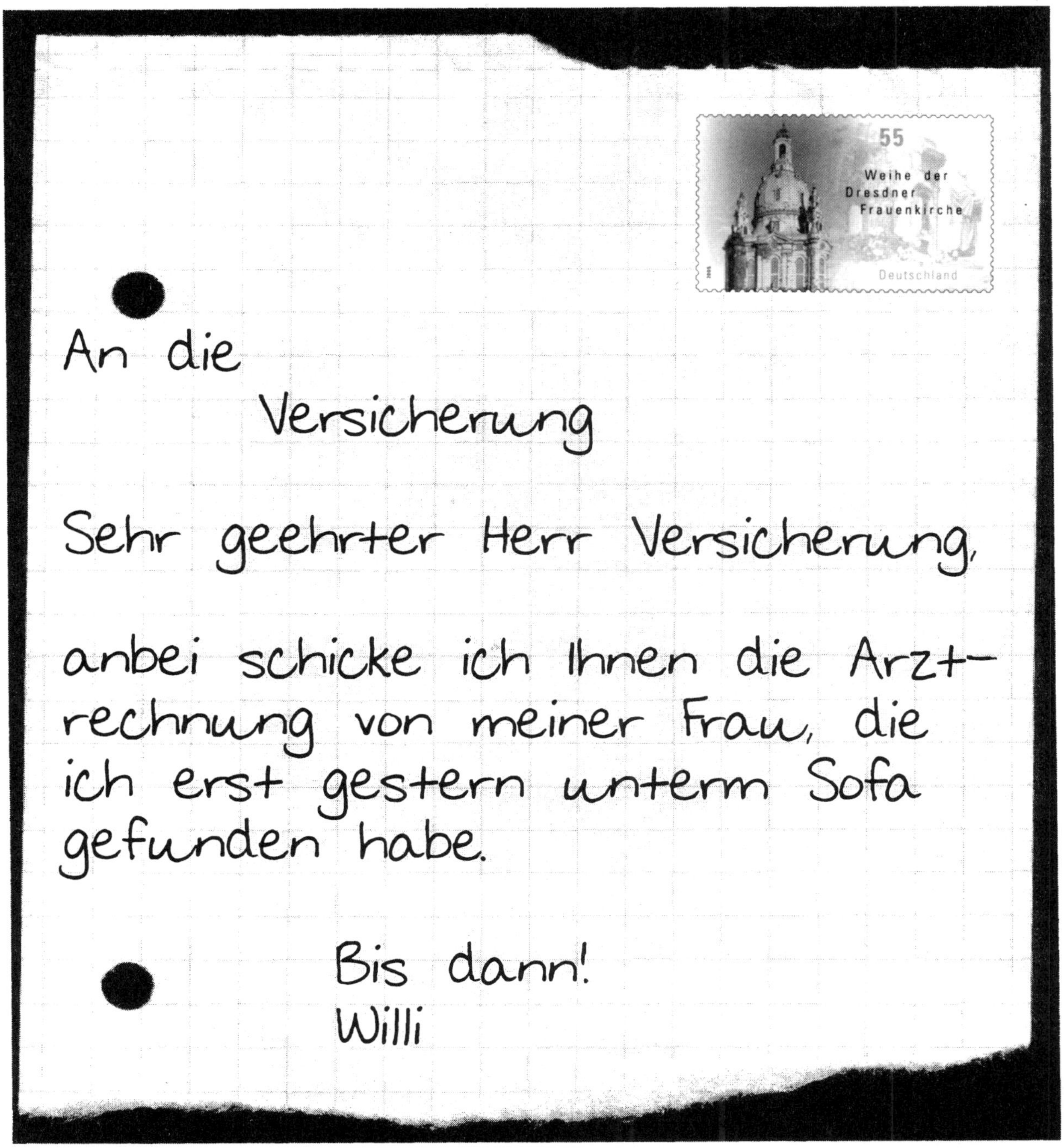

An die
Versicherung

Sehr geehrter Herr Versicherung,

anbei schicke ich Ihnen die Arztrechnung von meiner Frau, die ich erst gestern unterm Sofa gefunden habe.

Bis dann!
Willi

Die Drohne im Bienenstaat ist dick und faul, denn sie ist männlichen Geschlechts.

Bastelbogen Briefumschlag

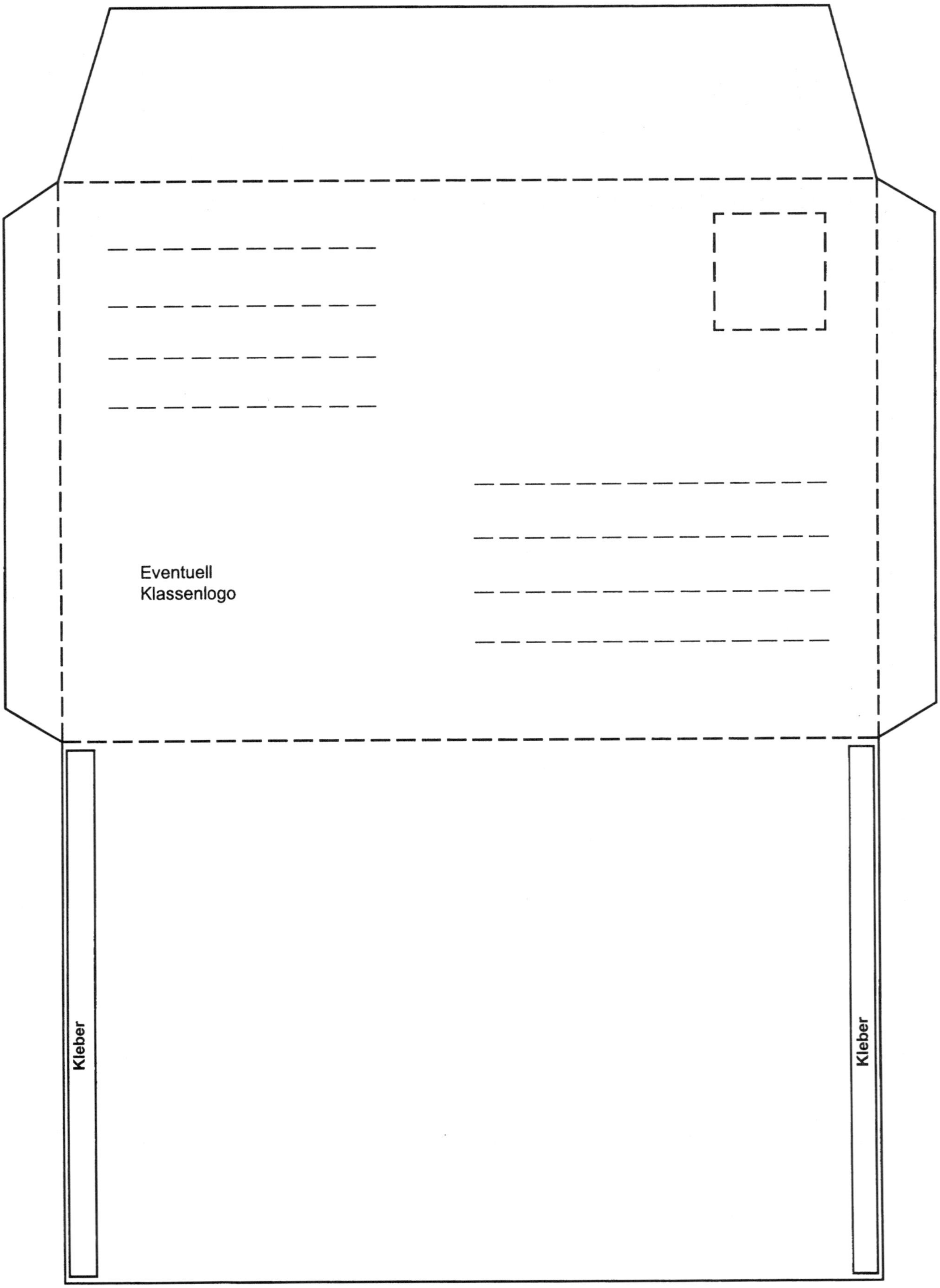

Thema	**Briefe schreiben**
Lernziele	***Grobziel:*** Fähigkeit, Briefe zu schreiben ***Feinziele:*** *Der Schüler soll* - Schreibanlässe, Briefformen und Gestaltungskriterien kennen, - die korrekte Beschriftung des Umschlages beherrschen, - den Aufbau des Briefinhaltes üben, - auf die äußere Form achten.
Arbeitsmittel	Tafel, Folien, ABs, Schreibmaterial evtl. Informationsmaterial der Deutschen Post **z.B.:** http://www.deutschepost.de/dpag?xmlFile=15372&lang=de_DE
Hinweis	Für die Schüler ist es interessanter, die geschriebenen Briefe tatsächlich wegzuschicken als lediglich einen Hefteintrag zu verfassen. Suchen Sie Adressen einheimischer bzw. großer Behörden, Fabriken, Betriebe und Firmen und lassen Sie (kontrolliert) Dank-, Wunsch-, Fragebriefe schreiben. Wenn möglich, "personalisieren" Sie den Adressaten (*An den Direktor, Geschäftsführer, Vorstand der Firma XY*). Achten Sie dabei auf Ordentlichkeit, Angemessenheit und den richtigen Ton des Briefinhaltes! Viele Firmen werden antworten!

Aufbau der UE (Vorschlag)

1) Schreibanlässe

2) Warum Briefe schreiben? (auch andere Mitteilungsformen)

3) Der Briefumschlag

4) Gestaltungskriterien

5) Aufbau des Briefes

6) Anwendung: Schreiben von Briefen (aktuelle Anlässe)

Der Brief

Unterrichtsvorschläge

zur Hinführung

- aktuelle Anlässe: Wir schreiben an einen Mitschüler (krank, umgezogen..).
  Anliegen an Gemeinde, Landratsamt...
- Meinungsäußerung: Leserbrief, Fanpost...
- Projekt: Wir erkunden... / Wir erkundigen uns über...
  Briefe an Firmen mit der Bitte um Information, Einladung
- Ein Brief erreichte die Klasse.

zur Erarbeitung

- an Musterbriefen Aufbau, Form, Stil und Besonderheiten (Anredefürwörter) erkennen
- fehlerhafte Umschläge und Briefe untersuchen
- Ausprobieren: Wir schicken uns selbst einen falsch beschrifteten Umschlag.
- echte (von Schülern mitgebrachte) Briefe nach Form und Text analysieren
- Besuch bei der Deutschen Post/im Briefzentrum
- Vergleichen mit E-Mail
- Basteln von Umschlägen, Gestaltung als "Klassenkuvert" (eigenes Logo)

zur Anwendung

- Schreiben und Wegschicken von Briefen
- Kontaktaufnahme zu (ausländischen) Schulklassen, auch Luftpost
- Schreibanlässe ganzjährig aus den Fächern/Themen

Ein Liebesbrief

Januar den 33. München, 1925 1/2

Lieber Geliebter!
Mit weinenden Händen nehme ich den Federhalter in meine Hände und schreibe Dir. Warum hast Du so lange nicht geschrieben, wo Du doch neulich geschrieben hast, dass Du mir schreibst, wenn ich Dir nicht schreibe. Mein Vater hat mir gestern auch geschrieben. Er schreibt, dass er Dir geschrieben hätte. Du hast mir aber kein Wort davon geschrieben, dass er Dir geschrieben hat. Hättest Du mir ein Wort davon geschrieben, dass Dir mein Vater geschrieben hat, so hätte ich meinem Vater geschrieben, dass Du ihm schon schreiben hättest wollen, hättest aber leider keine Zeit gehabt zum Schreiben, sonst hättest Du ihm schon geschrieben.
Mit unserer Schreiberei ist es sehr traurig, weil Du mir auf kein einziges Schreiben, welches ich Dir geschrieben habe, geschrieben hast.
Wenn Du nicht schreiben könntest, wäre es was anderes, dann tät ich Dir überhaupt nicht schreiben. So kannst Du aber schreiben und schreibst doch nicht, wenn ich Dir schreibe.
Ich schließe mein Schreiben und hoffe, dass Du mir nun endlich einmal schreibst, sonst ist dies mein letztes Schreiben, welches ich Dir geschrieben habe. Solltest Du aber diesmal wieder nicht schreiben, so schreibe mir wenigstens, dass Du mir überhaupt nicht schreiben willst, dann weiß ich wenigstens, warum Du mir nie geschrieben hast.
Verzeihe mir die schlechte Schrift, ich bekomme immer den Schreibkrampf unterm Schreiben. Du bekommst natürlich nie den Schreibkrampf, weil Du nie schreibst.
Gruß und Kuss
Deine N.N.

aus: Karl Valentin: Der Feuerwehrtrompeter, München 1972

D Name: ______________________ Datum: ______________

Briefe schreiben:
Wem? Warum? Was?

Wem schreiben wir Briefe? 2 Arten von Adressaten	**Warum schreiben wir?** Schreibanlässe	**Was schreiben wir?** Briefinhalt
1. ____	■ ____	■ ____
■ ____	■ ____	____
■ ____	■ ____	■ ____
■ ____	■ ____	____
■ ____	■ ____	■ ____
■ ____	■ ____	____
■ ____	■ ____	■ ____
■ ____	■ ____	____
■ ____	■ ____	■ ____
2. ____	■ ____	____
■ ____	■ ____	■ ____
■ ____	■ ____	____
■ ____	■ ____	
■ ____	■ ____	
■ ____	■ ____	
■ ____	■ ____	
■ ____	■ ____	
■ ____	■ ____	
■ ____	■ ____	
	■ ____	

Was spricht **für**

*einen **Brief**?* ____________________

*eine **eMail**?* ____________________

D Name: ______________________ Datum: ______________

Briefe schreiben:
Wem? Warum? Was?

Wem schreiben wir Briefe? 2 Arten von Adressaten	**Warum schreiben wir?** Schreibanlässe	**Was schreiben wir?** Briefinhalt
1. **Bekannte**	■ jemand hat Geburtstag	■ was den Adressaten interessiert
■ Freund/in	■ jemand ist krank	■ was du erlebt hast
■ Eltern	■ jemand hat dir etwas geschenkt	■ was für dich wichtig ist
■ Verwandten	■ Weihnachten kommt	■ was du wissen willst
■ Feind	■ du antwortest auf einen Brief	■ was der Adressat gefragt hat
■ Brieffreund/in	■ du schreibst vom Urlaub nach Hause	■ ....
■ Nachbarn	■ du lädst jemanden ein	■
■	■ du bedankst dich für etwas	■
■	■ du meldest dich zum Besuch an	
2. **Unbekannte**	■ du bittest um Informationen	
■ Bank	■ du entschuldigst dich	
■ Amt für	■ du hast etwas vergessen	
■ Bürgermeister	■ du beschreibst etwas	
■ Förster	■ du sagst etwas ab	
■ Fabrik	■ du willst deine Meinung sagen	
■ Zeitung	■ du beschwerst dich über etwas	
■ Landrat	■ du willst etwas haben	
■ Informationsstelle	■	
■	■	
	■	

Was spricht **für**

*einen **Brief**?*

ist persönlicher (Handschrift), ist absolut geheim, wirkt "amtlicher", bessere Kontrolle über tatsächliches Ankommen....

*eine **eMail**?*

ist meist kostenlos, kommt schneller an, besser lesbar, Papier gespart....

D Name: ____________________ Datum: ____________________

Der Briefumschlag

So wird er beschriftet:

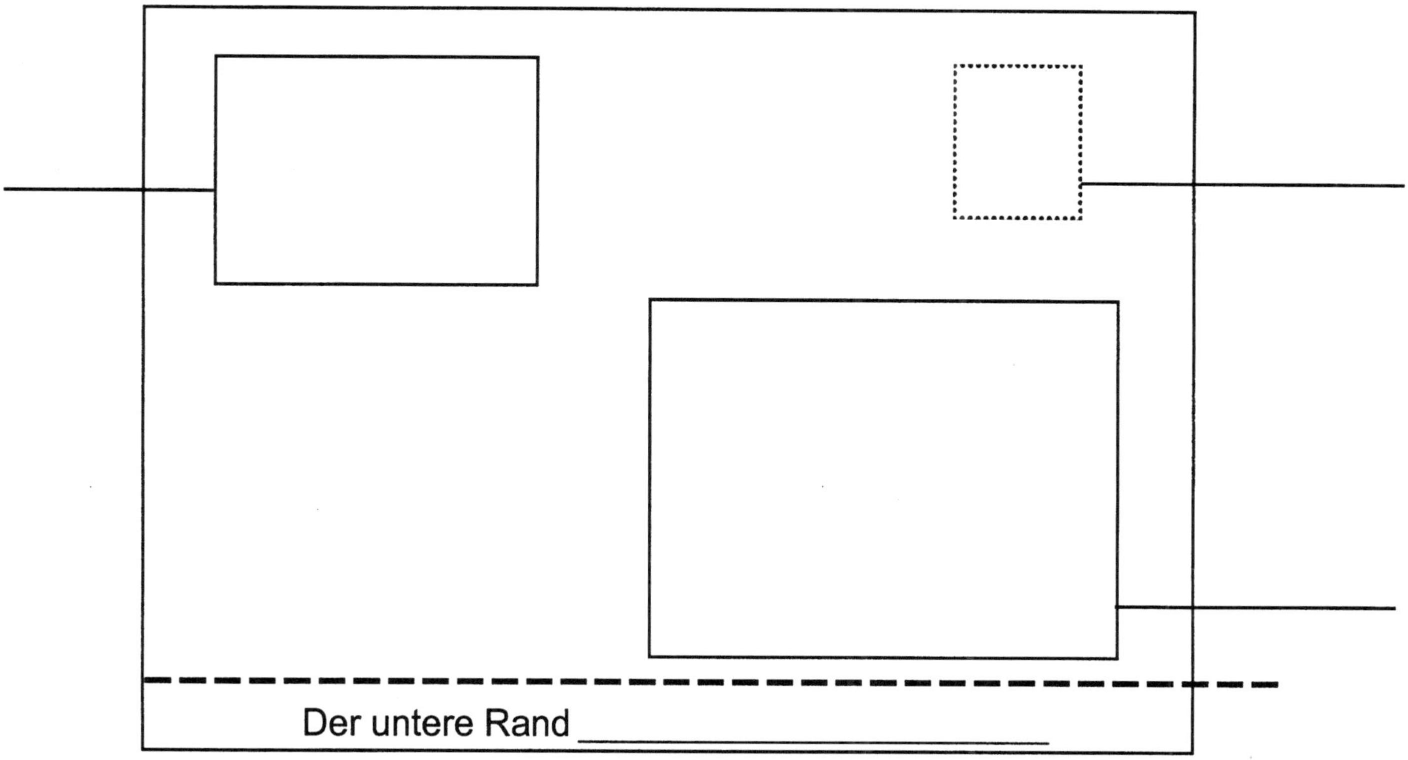

Im Briefzentrum durchläuft Dein Brief eine Maschine, d.h. er wird -unten eingeklemmt - von Förderbändern transportiert. Daher muss der untere Rand frei von jeder Beschriftung bleiben.

Häufig verwendete Größen

Maßstab 1:3 - Miss Breite und Höhe der Umschläge und schreibe die tatsächlichen Maße zu den Pfeilen.

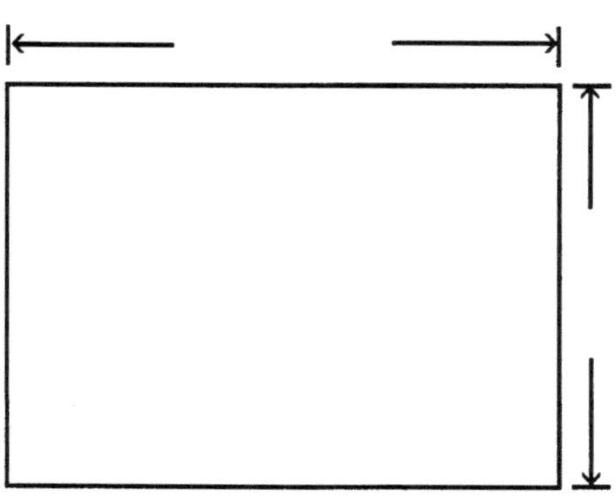

Briefumschlag C6

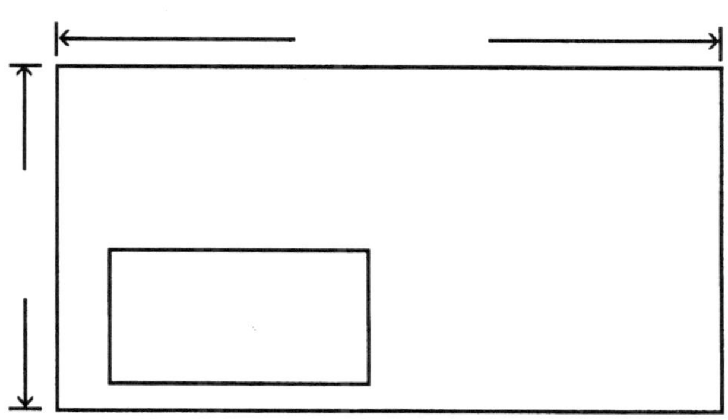

Briefumschlag C6/C5 mit Sichtfenster

D Name: ____________________ Datum: ____________

Der Briefumschlag

So wird er beschriftet:

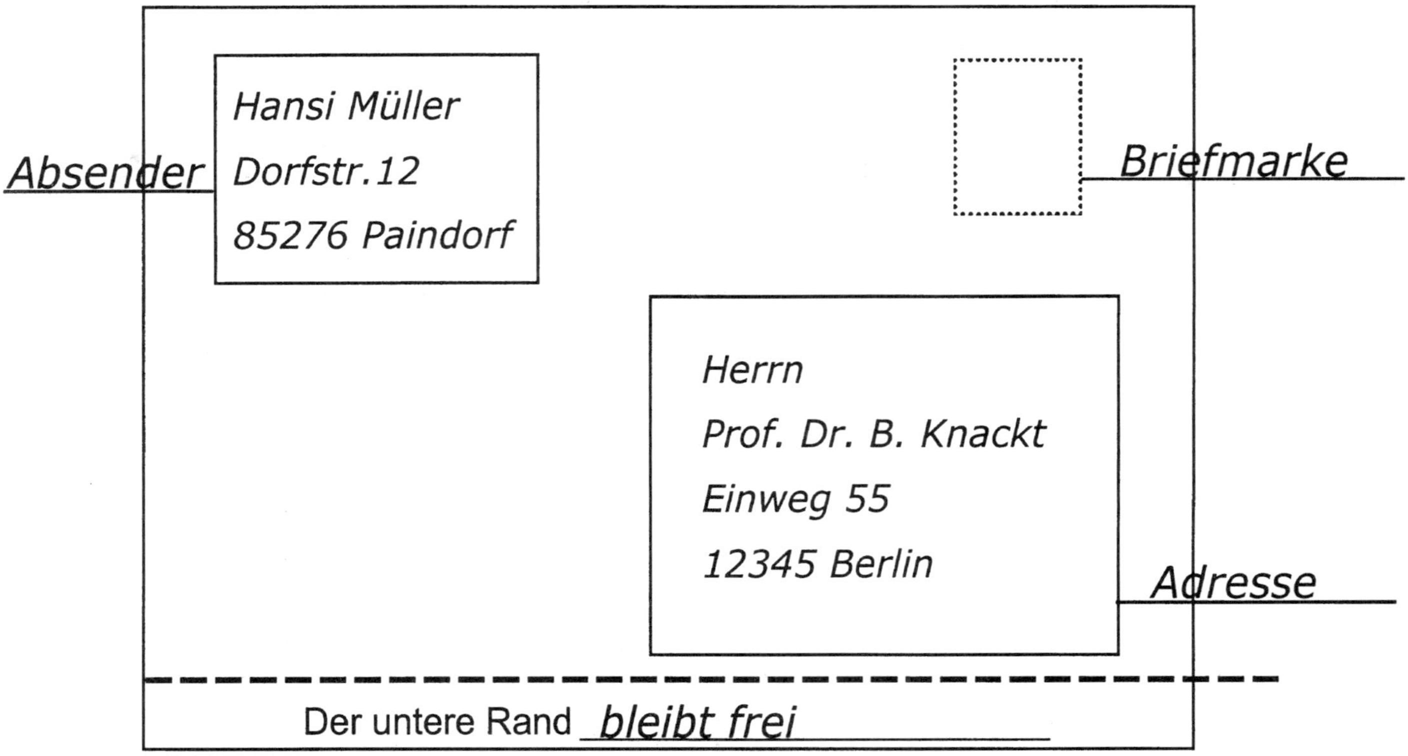

Im Briefzentrum durchläuft Dein Brief eine Maschine, d.h. er wird -unten eingeklemmt - von Förderbändern transportiert. Daher muss der untere Rand frei von jeder Beschriftung bleiben.

Häufig verwendete Größen

Maßstab 1:3 - Miss Breite und Höhe der Umschläge und schreibe die tatsächlichen Maße zu den Pfeilen.

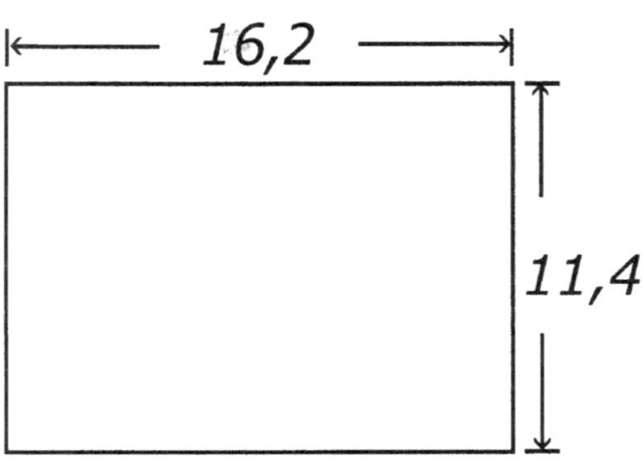

Briefumschlag C6

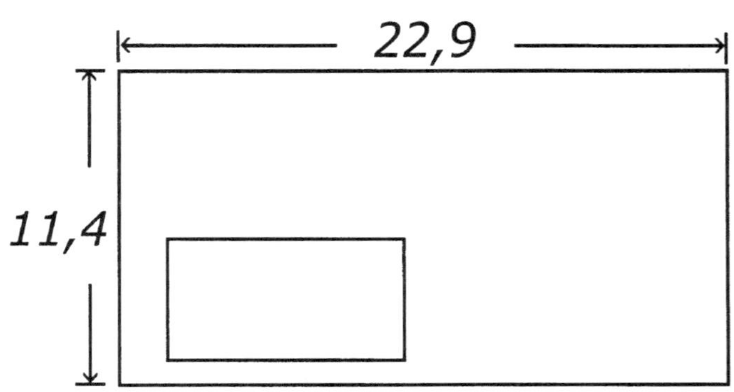

Briefumschlag C6/C5 mit Sichtfenster

Folie

Briefumschlag: *Falsche Beschriftung*

1

Maxi

An meinen
Freund Willi
Klosterstr.44
86558 Hohenwart

2

Maxi

Frau
Liselotte Reim
22110 Hamburg

3

Maxi

Harald Schmied
Einweg 32
3.Stock

4

Liselotte Reim
Alsterallee 22
22110 Hamburg

Maxi Dummnuss
Hirnweg 2
85777 Denken

5

An
meinen Freund Willi

Von
Maxi Dummnuss
Hirnweg 2
85777 Denken

6

Herrn
Wladimir Niedermeier
Ausweg 12
54888 Rettichdorf

Maxi Dummnuss
Hirnweg 2
85777 Denken

Folie

Briefumschlag: *Falsche Beschriftung*

1

Maxi

Absender unvollständig

An meinen
Freund Willi
Klosterstr.44
86558 Hohenwart

2

Maxi

Absender unvollständig

Frau
Liselotte Reim
22110 Hamburg

Straße, Hausnummer fehlen

3

Maxi

Absender unvollständig

Harald Schmied
Einweg 32
3.Stock

PLZ und Ortschaft fehlen

4

Liselotte Reim
Alsterallee 22
22110 Hamburg

Maxi Dummnuss
Hirnweg 2
85777 Denken

falscher Platz
(unterer Rand muss frei bleiben)

5

An
meinen Freund Willi

Von
Maxi Dummnuss
Hirnweg 2
85777 Denken

Adresse und Absender vertauscht

6

Herrn
Wladimir Niedermeier
Ausweg 12
54888 Rettichdorf

Maxi Dummnuss
Hirnweg 2
85777 Denken

Adresse und Absender vertauscht

D | Name: ____________________ | Datum: ____________________

So gestalten wir Briefe

I. Äußere Form

- Verwende ____________________
- Schreibe mit dem ____________________
- Vermeide ____________________
- Setze wichtige Briefe ____________________
- Lasse rechts und links einen ____________________
- Schreibe ____________________

II. Zum Brieftext

- Wir gliedern in ____________________
- Bei der Einleitung ______________ an einen vorausgegangenen Brief an.
- Im Hauptteil schreiben wir die ____________________
- Am Schluss ______________ wir uns.
- Den Text untergliedern wir in ____________________
- Anrede:
  - ◆bei guten Bekannten: ____________________
  - ◆offiziell: ____________________
- *Nach* der Anrede:
  - ○ - dann schreiben wir ______________ weiter.
  - ○ - dann schreiben wir ______________ weiter.
- Anredefürwörter:
  - ◆*groß oder klein* schreiben wir die vertraulichen Anredefürwörter:

    ____
  - ◆*groß* schreiben wir die Höflichkeitsanreden:

    ____
- Grußformel:
  - ◆bei Nahestehenden: ____________________
  - ◆bei Fremden: ____________________

stamp: www.worldpeace.de

D	Name: ______________________	Datum: ______________

So gestalten wir Briefe

I. Äußere Form

- Verwende *sauberes Briefpapier!*
- Schreibe mit dem *Füller!*
- Vermeide *Verschreiben, Streichen, Flecken!*
- Setze wichtige Briefe *zuerst auf!*
- Lasse rechts und links einen *Rand!*
- Schreibe *linksbündig!*

II. Zum Brieftext

- Wir gliedern in *Einleitung, Hauptteil, Schluss.*
- Bei der Einleitung *knüpfen wir* an einen vorausgegangenen Brief an.
- Im Hauptteil schreiben wir die *wesentlichen Mitteilungen.*
- Am Schluss *verabschieden* wir uns.
- Den Text untergliedern wir in *Sinnabschnitte.*
- Anrede:
  - ◆bei guten Bekannten: *Liebe...., Lieber....*
  - ◆offiziell: *Sehr geehrte Frau... / Sehr geehrter Herr...*
- *Nach* der Anrede:
  - (!) - dann schreiben wir *groß* weiter.
  - (,) - dann schreiben wir *klein* weiter.
- Anredefürwörter:
  - ◆*groß oder klein* schreiben wir die vertraulichen Anredefürwörter:
    du/Du, dein/Dein, euch/Euch, ...
  - ◆*groß* schreiben wir die Höflichkeitsanreden:
    Sie, Ihr, Ihnen....
- Grußformel:
  - ◆bei Nahestehenden: *Viele Grüße..., Herzlichst Dein....*
  - ◆bei Fremden: *Mit freundlichem Gruß Ihr....*

stamp: www.worldpeace.de

Der Brief - Negativbeispiel

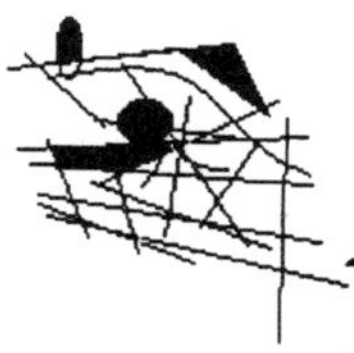

Herr Meier!

Ich Schreihbe dir disen Briff, weil
ich gestern meine Hausaufgahbe nicht
gemacht habe. ~~weih~~ weil ich beim
reiten war, weil ich danach ins
Bett
muste. Das war Mahte Seite 17
Nummer 3.

Hansi

Briefumschlag: Besonderheiten

Über die Luftpost 

braucht Dein Brief etwa eine Woche bis in die USA.
Mit dem Schiff dauert's bis zu einem Monat.

- **Das Haus des Empfängers hat mehrere Wohnungen?**

Die Nummer der Wohnung wird mit dem Zusatz ***W*** hinter der Hausnummer angegeben.

Frau ______________________
____
____
____

- **Der Brief wird bei der Poststelle abgeholt?**

An Stelle von Straße und Hausnummer werden **Postfach** und **Postfachnummer** angegeben.

Herrn ______________________
____
____
____

- **Du schickst den Brief ins Ausland?**

Bei folgenden Ländern steht das KFZ-Zeichen mit Bindestrich vor der Postleitzahl:

B .... Belgien	I .... Italien	R ...... Rumänien
DK .... Dänemark	FL .... Liechtenstein	S ...... Schweden
SF .... Finnland	N ..... Norwegen	CH ... Schweiz
F .... Frankreich	A ...... Österreich	H ...... Ungarn
IS .... Island	P ...... Portugal	

____
____
____
____

Bei Sendungen in die übrigen Länder wird das Bestimmungsland nach einer Leerzeile unter den Bestimmungsort gesetzt.

____
____
____
____

D Name: ______________________ Datum: ______________

So ist der Brief aufgebaut

z.B. Ich schreibe an meinen Freund:

Privatbrief

Zeile frei

Zeile frei

- ________ und ____________ formulieren
- ______________________ weglassen

Zeile frei

Zeile frei

z.B. Ich schreibe an einen Betriebsleiter:

Geschäftsbrief

3 Zeilen frei

2 Zeilen frei

2 Zeilen frei

1 Zeile frei

- Gliedern in ______________________
- ________ und ____________ formulieren
- ______________________ weglassen

1Zeile frei

2 Zeilen frei

*Diese Anredefürwörter kannst du **groß** oder **klein** schreiben:*

____

*Diese Anredefürwörter musst du **groß** schreiben:*

____

D Name: ______________________ Datum: ______________

So ist der Brief aufgebaut

z.B. Ich schreibe an meinen Freund:

Privatbrief

Vorname Name

Hans Dampf

Ort, Datum

Bonn, 01.01.2008

Zeile frei

Grußformel *(mit Komma)*

Liebe Tante Strudl,

Zeile frei

Inhalt *(klein weiter)*

- *klar* und *deutlich* formulieren
- *Unnötiges* weglassen

Zeile frei

Schlussformel

Viele Grüße
Dein

Zeile frei

Unterschrift

Hansi Dampf

z.B. Ich schreibe an einen Betriebsleiter:

Geschäftsbrief

Absender

Hans Dampf
Kesselweg 44
55667 Bonn

Datum

01. Januar 2008

3 Zeilen frei

Adresse

Herrn
Klaus Hipp
Hippstr. 7
12345 Hipphurra

2 Zeilen frei

Betrifft

Ernährungsberatung

2 Zeilen frei

Grußformel *(mit Komma)*

Sehr geehrter Herr Hipp,

1 Zeile frei

Inhalt *(klein weiter)*

- Gliedern in *Einleitung - Hauptteil - Schluss*
- *klar* und *deutlich* formulieren
- *Unnötiges* weglassen

1 Zeile frei

Schlussformel

Mit freundlichem Gruß

2 Zeilen frei

Unterschrift

Hans Dampf

*Diese Anredefürwörter kannst du **groß** oder **klein** schreiben:*

du/Du, dir/Dir, dein/Dein, euch/Euch

*Diese Anredefürwörter musst du **groß** schreiben:*

Sie, Ihr, Ihnen

Thema

Die Sachniederschrift

(mindestens einmal wöchentlich)

Lernziele

Der Schüler soll

-den Unterrichtsstoff sprachlich gestalten können;
-Unterrichtsstoffe und Gelerntes knapp zusammenfassen;
-Stichpunkte zu einem Sachverhalt/Text sammeln, ordnen, in Beziehung setzen;
-Wesentliche Inhalte von Einträgen, Texten usw. herausfinden;
-Sachlich und sprachlich richtig, knapp und verständlich formulieren.

Anregungen zur Erarbeitung

(nach: Bleiziffer/Rupprecht: Aufsatz 5./6., pb-Verlag)

- Stichpunkte zu Textabschnitten erarbeiten
- Vergleichen und Beurteilen verschiedener Stichpunktsammlungen
- Gezieltes Verringern/Aufbauen von Stichwortsammlungen
- Formulieren von Teilüberschriften
- Hervorheben wesentlicher Inhalte durch Markieren
- Ordnen von Bildern
- Vorgegebene Sätze in die richtige Reihenfolge bringen
- Vervollständigen eines Lückentextes
- Stichworte zu vorgegebenen Bildern sammeln und gestalten
- Erschließen des Inhalts durch Fragen und Auswahlantworten
- Fachausdrücke sind einer Darstellung zuzuordnen
- Eine stilistisch schlechte oder inhaltlich fehlerhafte Textvorlage verbessern
- Vollständige Texte entstehen in GA: vorlesen, beurteilen
- Stichwörter zum Thema sammeln und ordnen
- Stichwörter in der richtigen Reihenfolge sammeln
- Fachausdrücke werden in der richtigen Reihenfolge vorgegeben
- Fachausdrücke durcheinander vorgegeben: ordnen
- Alle notwendigen Verben sammeln / vorgegeben
- Die Verben sind den Nomen bzw. Fachausdrücken zuzuordnen
- Text vorgegeben: Fachausdrücke durch Skizzen dargestellt
- Verdrehter Text ist zu entwirren
- Durcheinander von Satzteilen ist zu entwirren
- Wichtiger Satz vorgegeben: Text entwickeln

Was tun damit?

Kontrolle auf sachliche und sprachliche Richtigkeit	Selbstkontrolle/Partner-/Lehrerkontrolle Vorlesen vor Gruppe/Klasse Besprechen von Vorzügen und Fehlern
Ablage	Aufsatzheft/Aufsatzmappe/Niederschriften-heft oder -mappe/Klassentagebuch/Pinwand/ als Eintrag in Sachkundeheft/-mappe

D	Name: ______________________	Datum: ______________

Die Sachniederschrift
Passende Verben und Fachausdrücke

In der folgenden Niederschrift fehlen passende Verben.

1. Setze diese Verben in der richtigen Form ein:
   zerreißen - brechen - schrumpfen - ernähren - schwellen - nähren - entfalten - vorbilden - durchbrechen - tragen - speichern - beginnen

2. Markiere im fertigen Text die biologischen **Fachausdrücke**.
   Beschrifte mit ihnen die Skizzen.

Die Samenvermehrung

Der Same __________ im Innern den Keimling. Dieser hat Blätter, Stängel und Wurzeln schon ______________.
Die Keimblätter ______________ die erste Nahrung für den Keimling. Die Keimung __________unter dem Einfluss von Luft, Wasser, Licht, Nährsalzen und Wärme.
Die Entwicklung:
Der Bohnenkörper _____________ an, die Samenhaut ______________. Die zwei Hälften des Bohnenkerns, die Keimblätter, _________________sich.
Eine Wurzel mit vielen Härchen _____________ erdwärts hervor.
Der Stängel _______________ gebogen die Erdoberfläche.
Noch wird der blattgrünfreie Keimling von den Keimblättern ______________.
Sobald der grüne Spross erscheint, ______________ die leer gewordenen Keimblätter ein, die junge Pflanze ___________________ sich selbst.

Bohne

D Name: ______________________ Datum: ______________________

Die Niederschrift - *was ist das?*

Täglich erfährst du in allen Fächern etwas Neues. Was du beobachtet, gehört, gesehen und vielleicht verstanden hast, wird meistens in einem Eintrag zusammengefasst.

So könnte ein Eintrag im Fach PCB aussehen:

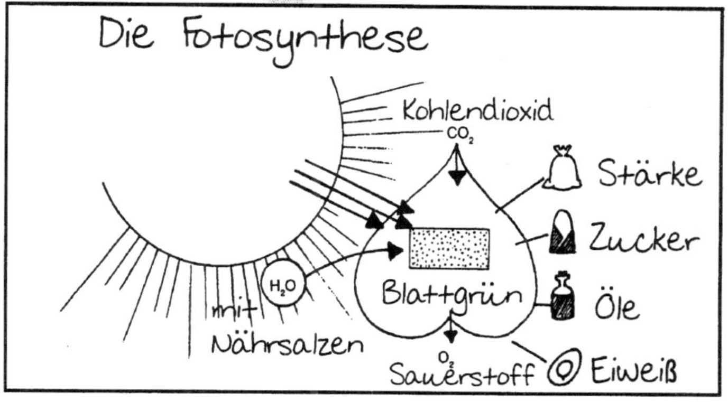

Doch - hast du den Stoff auch kapiert? Kannst du diese Grafik "lernen"?

Das stellt sich heraus, wenn du diese Bilder und Wörter in ganzen Sätzen und in einem kurzen Text formulieren sollst: Der **Sachniederschrift!**

Die wichtigsten **Nomen** findest du im Eintrag. Selbst suchen musst du die **passenden Verben**.

1 *Ordne richtig zu: Welches Verb passt hier zu welchem Fachausdruck?*

Das Sonnenlicht: ______________________

Das Blattgrün(korn): ______________________

Wasser, Kohlendioxid, Licht: ______________________

Nährsalze: ______________________

Stärke, Zucker, Öle, Eiweiß: ______________________

Sauerstoff: ______________________

Verwende diese Verben:
herstellen, erzeugen, lösen, brauchen, frei werden, liefern

2 **Was ist hier falsch?** Ein Schüler versuchte, den Eintrag zu formulieren:

Die Sonne liefert was, das fällt auf das Blatt, von oben und unten kommt noch etwas hinzu. Dann entsteht drinnen die Nahrung für die Pflanze, das sind verschiedene Stoffe. Und frei wird auch noch etwas.

____

Wir schreiben eine **Sachniederschrift**
mit den richtigen ______________ und passenden ______________.
Den Text formulieren wir so präzise, dass jeder die Sache ______________.

3 **Los geht's!** Schreibe die Sachniederschrift zu obigem Eintrag auf den Block.

Beachte die Regeln!

BLOCK

D Name: ____________________ Datum: ____________

Die Niederschrift - *was ist das?*

NEWS

Täglich erfährst du in allen Fächern etwas Neues. Was du beobachtet, gehört, gesehen und vielleicht verstanden hast, wird meistens in einem Eintrag zusammengefasst.

So könnte ein Eintrag im Fach PCB aussehen:

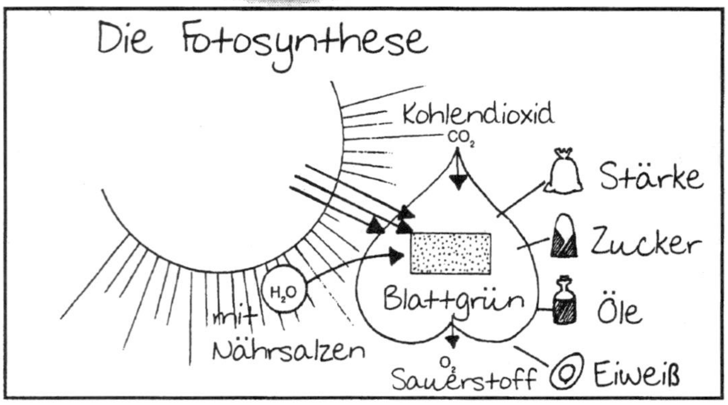

Doch - hast du den Stoff auch kapiert? Kannst du diese Grafik "lernen"?

Das stellt sich heraus, wenn du diese Bilder und Wörter in ganzen Sätzen und in einem kurzen Text formulieren sollst: Der **Sachniederschrift!**

Die wichtigsten **Nomen** findest du im Eintrag. Selbst suchen musst du die **passenden Verben**.

❶ *Ordne richtig zu: Welches Verb passt hier zu welchem Fachausdruck?*

Das Sonnenlicht: **liefert (Energie)**

Das Blattgrün(korn): **stellt her**

Wasser, Kohlendioxid, Licht: **werden gebraucht**

Nährsalze: **sind gelöst (im Wasser)**

Stärke, Zucker, Öle, Eiweiß: **werden erzeugt**

Sauerstoff: **wird frei**

> **Verwende diese Verben:**
> herstellen, erzeugen, lösen, brauchen, frei werden, liefern

❷ **Was ist hier falsch?** Ein Schüler versuchte, den Eintrag zu formulieren:

Die Sonne liefert was, das fällt auf das Blatt, von oben und unten kommt noch etwas hinzu. Dann entsteht drinnen die Nahrung für die Pflanze, das sind verschiedene Stoffe. Und frei wird auch noch etwas.

ungenau, keine Fachausdrücke verwendet

> Wir schreiben eine **Sachniederschrift**
> mit den richtigen **Fachausdrücken** und passenden **Verben**.
> Den Text formulieren wir so präzise, dass jeder die Sache **versteht**.

❸ **Los geht's!** Schreibe die Sachniederschrift zu obigem Eintrag auf den Block.

Beachte die Regeln!

BLOCK

D Name: ______________________ Datum: ______________________

Wir üben die Sachniederschrift

am Beispiel **Der Vorgang der Bierherstellung**

Hier ist der Vorgang in 8 Phasenbilder aufgeteilt.
Zu jedem Phasenbild passt ein Satz. *Kreuze ihn an!*

Kühlen

- ❍ Das fertige Bier wird hier gelagert.
- ❍ Der Sud wird eingefroren.
- ❍ Der Sud wird abgekühlt und Gerbstoffe abgetrennt.

Kochen

- ❍ Beim Kochen wird der Hopfen hinzugefügt.
- ❍ Bierflaschen werden hier ausgekocht.
- ❍ Das Bier verdampft.

Gären

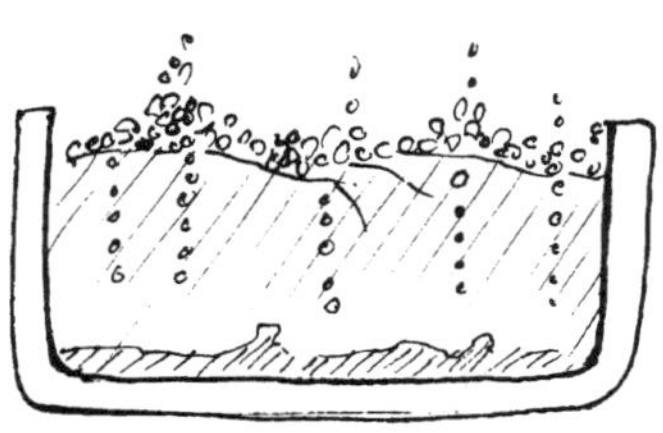

- ❍ Bierflaschen gären im Maischebad.
- ❍ Der Malzzucker wird zu Alkohol vergoren.
- ❍ Alkohol und Kohlendioxid werden hinzugegeben.

Schroten

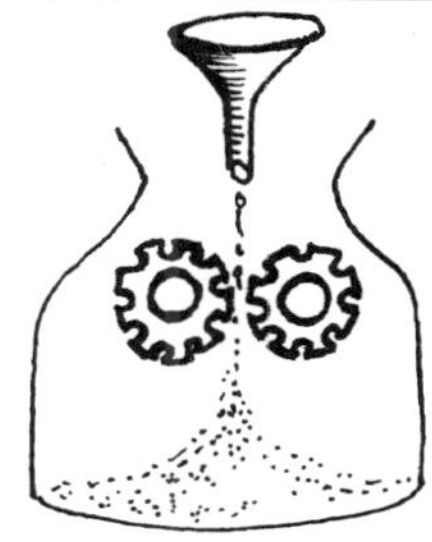

- ❍ Das Bier wird gequirlt.
- ❍ Malzkörner werden zerkleinert.
- ❍ Schrotkugeln werden hergestellt.

Maischen

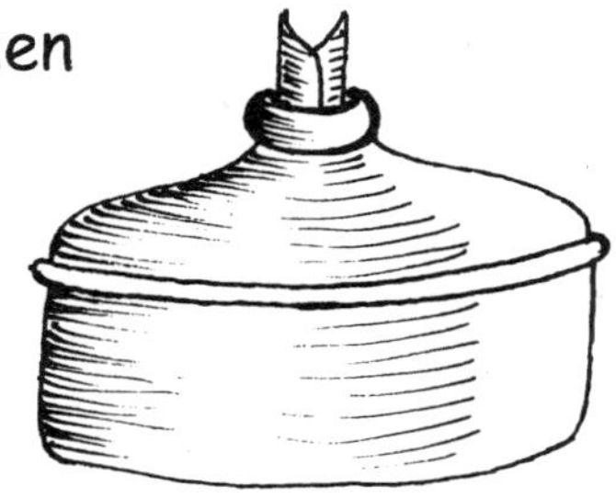

- ❍ Mais wird zerkleinert zu Maischen.
- ❍ Hier werden Bierflaschen gesäubert.
- ❍ Malzschrot wird mit Wasser gemischt.

Filtrieren

- ❍ Überschüssige Hefe wird entfernt.
- ❍ Brauereimitarbeiter trinken Filterkaffee.
- ❍ Überschüssiger Alkohol wird ausgefiltert.

Abfüllen

- ❍ Brauereimitarbeiter werden abgefüllt.
- ❍ Bier wird in Flaschen und Fässer gefüllt.
- ❍ Ein Prosit der Gemütlichkeit!

Reifen

- ❍ Reife Menschen dürfen das Bier probieren.
- ❍ Um die Fässer werden Reifen gelegt.
- ❍ Das Bier reichert sich mit Kohlensäure an.

Schreibe jetzt die Niederschrift. Verwende dabei die angekreuzten Sätze, die du aber zum Verbinden umstellen und verändern darfst bzw. sollst. Wenn du weitere Fachausdrücke kennst, z.B. *Sudkessel*, dann verwende sie! **Beachte die richtige Reihenfolge des Vorgangs!**

BLOCK

D Name: ______________________ Datum: ______________

Wir üben die Sachniederschrift

am Beispiel **Der Vorgang der Bierherstellung**

Hier ist der Vorgang in 8 Phasenbilder aufgeteilt.
Zu jedem Phasenbild passt ein Satz. *Kreuze ihn an!*

Kühlen

- [ ] Das fertige Bier wird hier gelagert.
- [ ] Der Sud wird eingefroren.
- [x] Der Sud wird abgekühlt und Gerbstoffe abgetrennt.

Kochen

- [x] Beim Kochen wird der Hopfen hinzugefügt.
- [ ] Bierflaschen werden hier ausgekocht.
- [ ] Das Bier verdampft.

Gären

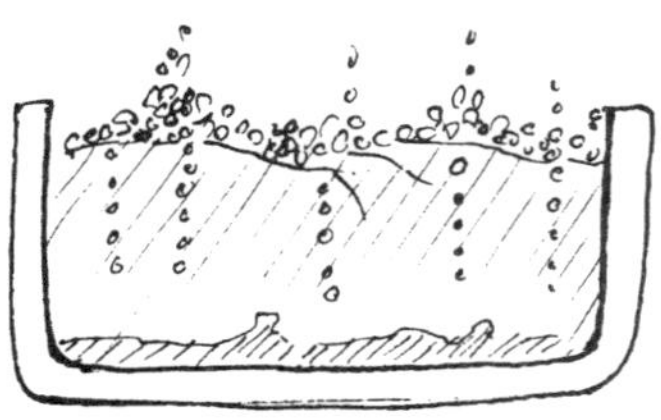

- [ ] Bierflaschen gären im Maischebad.
- [x] Der Malzzucker wird zu Alkohol vergoren.
- [ ] Alkohol und Kohlendioxid werden hinzugegeben.

Schroten

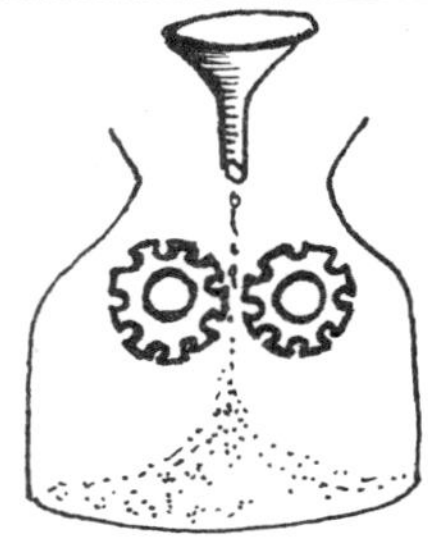

- [ ] Das Bier wird gequirlt.
- [x] Malzkörner werden zerkleinert.
- [ ] Schrotkugeln werden hergestellt.

Maischen

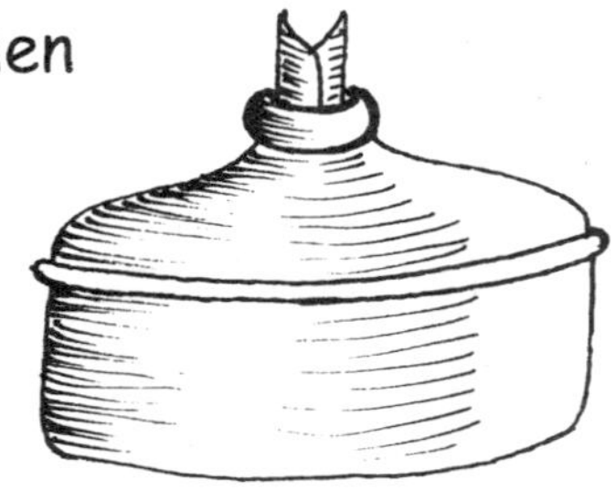

- [ ] Mais wird zerkleinert zu Maischen.
- [ ] Hier werden Bierflaschen gesäubert.
- [x] Malzschrot wird mit Wasser gemischt.

Filtrieren

- [x] Überschüssige Hefe wird entfernt.
- [ ] Brauereimitarbeiter trinken Filterkaffee.
- [ ] Überschüssiger Alkohol wird ausgefiltert.

Abfüllen

- [ ] Brauereimitarbeiter werden abgefüllt.
- [x] Bier wird in Flaschen und Fässer gefüllt.
- [ ] Ein Prosit der Gemütlichkeit!

Reifen

- [ ] Reife Menschen dürfen das Bier probieren.
- [ ] Um die Fässer werden Reifen gelegt.
- [x] Das Bier reichert sich mit Kohlensäure an.

Schreibe jetzt die Niederschrift. Verwende dabei die angekreuzten Sätze, die du aber zum Verbinden umstellen und verändern darfst bzw. sollst. Wenn du weitere Fachausdrücke kennst, z.B. *Sudkessel*, dann verwende sie! **Beachte die richtige Reihenfolge des Vorgangs**!

BLOCK

D Name: ______________________ Datum: ______________

Wir üben die Sachniederschrift

am Beispiel **Der Vorgang der Bierherstellung (2)**

Hier wurde der Vorgang der Bierherstellung nur mit unseren kurzen Sätzen beschrieben:

"Malzkörner werden zerkleinert. Malzschrot wird mit Wasser gemischt. Beim Kochen wird Hopfen hinzugefügt. Der Sud wird abgekühlt und Gerbstoffe abgetrennt. Der Malzzucker wird zu Alkohol vergoren. Das Bier reichert sich mit Kohlensäure an. Überschüssige Hefe wird entfernt. Das Bier wird in Flaschen und Fässer gefüllt."

Was ist nicht gut an diesem Text?

____

____

____

____

❶ Größerer Wortschatz

Was geschieht		*zusätzliche Informationen:*
in der Schrotmühle......................	______________	Malzkörner werden mechanisch zerkleinert.
im Sudkessel..............................	______________	Stärke und Eiweiß werden wasserlöslich gemacht.
im Sudkessel..............................	______________	Bier in diesem Zustand heißt 'Würze".
in den Kühlrippen........................	______________	Abkühlen auf 5° bis 15°.
im Gärbottich..............................	______________	mit Bierhefe, ca. 7 Tage lang
in den Fässern............................	______________	Nachgärung: Hefe setzt sich ab, bei 0°, ca. 4 - 8 Wochen
in der Filteranlage......................	______________	Es gibt auch ungefilterte Biere, z.B. Hefeweißbier.

❷ Verbinden der Sätze

Damit der Text nicht so holprig klingt und trotzdem verständlich bleibt, wechseln wir die Satzanfänge.
Wir verwenden:

Konjunktionen	Zeitangaben	Verben
jetzt, ________	nach 7 Tagen, ______	Reifen kann das Bier..,
______________	______________	______________
______________	______________	______________
______________	______________	______________
______________	______________	______________
______________	______________	______________
______________	______________	______________
______________	______________	______________

❸ Nächster Versuch!

Mit unseren zusätzlichen Informationen und unter Verwendung von "Satzanknüpfungen" schreiben wir eine erweiterte Niederschrift zur Bierherstellung.

D	Name: ______________________	Datum: ______________

Wir üben die Sachniederschrift

am Beispiel **Der Vorgang der Bierherstellung (2)**

Hier wurde der Vorgang der Bierherstellung nur mit unseren kurzen Sätzen beschrieben:

"Malzkörner werden zerkleinert. Malzschrot wird mit Wasser gemischt. Beim Kochen wird Hopfen hinzugefügt. Der Sud wird abgekühlt und Gerbstoffe abgetrennt. Der Malzzucker wird zu Alkohol vergoren. Das Bier reichert sich mit Kohlensäure an. Überschüssige Hefe wird entfernt. Das Bier wird in Flaschen und Fässer gefüllt."

Was ist nicht gut an diesem Text?

Fachausdrücke (Verben, Nomen),

Zeitangaben, weitere Informationen fehlen;

Keine Verbindung zwischen den Sätzen.

❶ Größerer Wortschatz

Was geschieht		*zusätzliche Informationen:*
in der Schrotmühle......................	**das Schroten**	Malzkörner werden mechanisch zerkleinert.
im Sudkessel..............................	**das Maischen**	Stärke und Eiweiß werden wasserlöslich gemacht.
im Sudkessel..............................	**das Kochen**	Bier in diesem Zustand heißt 'Würze".
in den Kühlrippen........................	**das Kühlen**	Abkühlen auf 5° bis 15°.
im Gärbottich..............................	**das Gären**	mit Bierhefe, ca. 7 Tage lang
in den Fässern............................	**das Reifen**	Nachgärung: Hefe setzt sich ab, bei 0°, ca. 4 - 8 Wochen
in der Filteranlage......................	**das Filtrieren**	Es gibt auch ungefilterte Biere, z.B. Hefeweißbier.

❷ Anknüpfen der Sätze

Damit der Text nicht so holprig klingt und trotzdem verständlich bleibt, wechseln wir die Satzanfänge.
Wir verwenden:

Konjunktionen	Zeitangaben	Verben
jetzt, **dann, und,**	nach 7 Tagen,	Reifen kann das Bier...
anschließend, hernach,	**3 bis 4 Tage, nur 1 Woche,**	**Filtriert werden nur....,**
darauf, gleich, nun	**nicht lange, ...**	**Beim Kochen der Würze....,**
		Geschrotet werden....

❸ Nächster Versuch!

Mit unseren zusätzlichen Informationen und unter Verwendung von "Satzanknüpfungen" schreiben wir eine erweiterte Niederschrift zur Bierherstellung.

BLOCK

D Name: ______________________ Datum: ______________

Niederschrift:
Wozu brauchen wir ein Skelett?

1. Aufgabe

Es ____________

2. Aufgabe

Es ____________

3. Aufgabe

Es ermöglicht ____________

____

Was ?

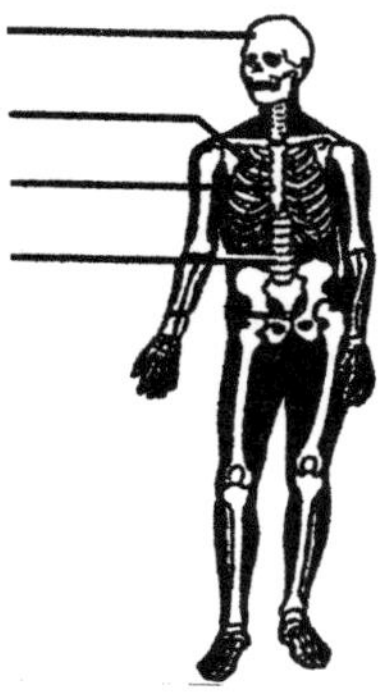

Warum ?

Unsere ____________ sind besonders empfindlich gegen _______ und _______. Eine Verletzung kann leicht zum _________ führen. Deshalb müssen sie besonders gut ___________ werden.

Das Skelett gibt unserem Körper __________ und __________.

Es ermöglicht uns, __________ zu gehen.

Dazu brauchen wir außerdem:

____

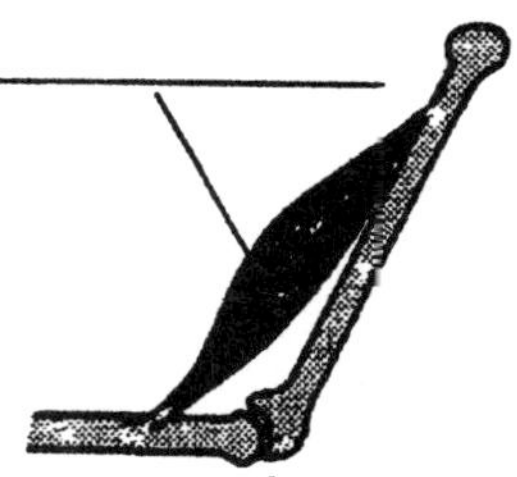

und

____

Wir passen auf und vermeiden Verletzungen unserer Knochen, Muskeln und Gelenke!

Tipps zur Niederschrift

Verwende folgende Bausteine:

Einleitung:
Wir fragen uns: ....

Hauptteil:
Eine Aufgabe des Skeletts ist es,....
Unsere Organe (Gehirn,.....)....
Eine weitere....
Das Skelett gibt unserem Körper....
Schließlich die dritte....
Dazu brauchen wir außerdem....

Schluss:
Darum müssen wir....

D Name: ______________________ Datum: ______________________

Niederschrift:
Wozu brauchen wir ein Skelett?

1. Aufgabe

Es **schützt**

Was ?

Gehirn
Herz
Lunge
Rückenmark
Geschlechts-organe

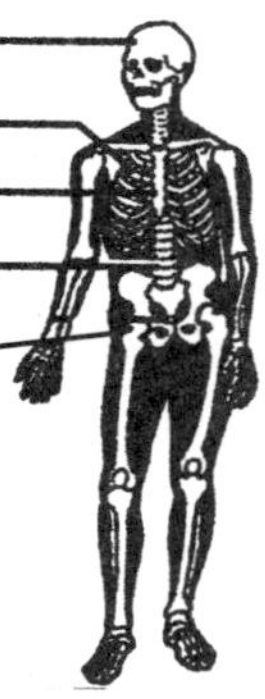

Warum ?

Unsere **Organe** sind besonders empfindlich gegen **Stoß** und **Schlag**. Eine Verletzung kann leicht zum **Tod** führen. Deshalb müssen sie besonders gut **geschützt** werden.

2. Aufgabe

Es **stützt**

Das Skelett gibt unserem Körper **Form** und **Halt**.

Es ermöglicht uns, **aufrecht** zu gehen.

3. Aufgabe

Es ermöglicht **Bewegung**

Dazu brauchen wir außerdem:

Muskeln

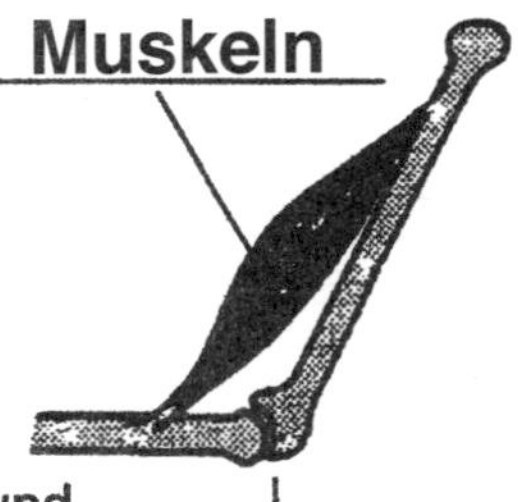

und **Gelenke**

Wir passen auf und vermeiden Verletzungen unserer Knochen, Muskeln und Gelenke!

Tipps zur Niederschrift

Verwende folgende Bausteine:

Einleitung:
Wir fragen uns: ....

Hauptteil:
Eine Aufgabe des Skeletts ist es,....
Unsere Organe (Gehirn,.....)....
Eine weitere....
Das Skelett gibt unserem Körper....
Schließlich die dritte....
Dazu brauchen wir außerdem....

Schluss:
Darum müssen wir....

D | Name: ____________________ | Datum: ______________

Niederschrift:

Die Menschen wurden sesshaft

Der Eintrag:

❶ Welche Folgen hatte der ____________________?

Vor etwa ________ Jahren wurde in unserer Gegend das Klima um ca. ________ ____________________.

Die jagdbaren Tiere ______________ oder ________________

Die Gletscher __________ ab. Dafür wuchsen ________ ________________ usw.

Es bildeten sich viele ____________________

❷ Wie passten sich die Menschen an?

Die Menschen fingen an, Tiere zu ______________.

↓

____

Sie begannen, Getreide ____________________.

↓

____

Sie fingen ______________.

↓

____

Die Niederschrift:

Die Menschen wurden sesshaft

Vor etwa ________________ ________________ sich in unserer Gegend das ______________ entscheidend: Es wurde um etwa _____ wärmer. Das hatte Folgen, und den Menschen blieb nichts anderes übrig, als sich den Veränderungen anzu________________: Da die jagdbaren Tiere ______________ oder ____________, begannen die Menschen, Tiere zu ______________. Sie wurden zu ______________. Die Gletscher ______________ ab. Jetzt konnten die Menschen Getreide ______________ - und wurden zu ______________. Das Schmelzwasser bildete __________. Hier wurden viele Menschen zu ________________.

D	Name: ______________________	Datum: ______________

Niederschrift:

Die Menschen wurden sesshaft

Der Eintrag:

❶ Welche Folgen hatte der **Klimawechsel**?

Vor etwa **3000** Jahren wurde in unserer Gegend das Klima um ca. **23 °C** **wärmer**.

Die jagdbaren Tiere **starben aus** oder **zogen weg**

Die Gletscher **schmolzen** ab. Dafür wuchsen **Gräser, Bäume** usw.

Es bildeten sich viele **Flüsse und Seen.**

❷ Wie passten sich die Menschen an?

Die Menschen fingen an, Tiere zu **züchten**.

↓

Viehzüchter

Sie begannen, Getreide **anzubauen**.

↓

Bauern

Sie fingen **Fische**.

↓

Fischer

Die Niederschrift:

Die Menschen wurden sesshaft

Vor etwa **3000 Jahren** **änderte** sich in unserer Gegend das **Klima** entscheidend: Es wurde um etwa **23 °C** wärmer. Das hatte Folgen, und den Menschen blieb nichts anderes übrig, als sich den Veränderungen anzu**passen**: Da die jagdbaren Tiere **ausstarben** oder **wegzogen**, begannen die Menschen, Tiere zu **züchten**. Sie wurden zu **Viehzüchtern**. Die Gletscher **schmolzen** ab. Jetzt konnten die Menschen Getreide **anbauen** - und wurden zu **Bauern**. Das Schmelzwasser bildete **Seen**. Hier wurden viele Menschen zu **Fischern**.

D Name: ______________________ Datum: ______________

Der Steinzeitmensch als Ackerbauer

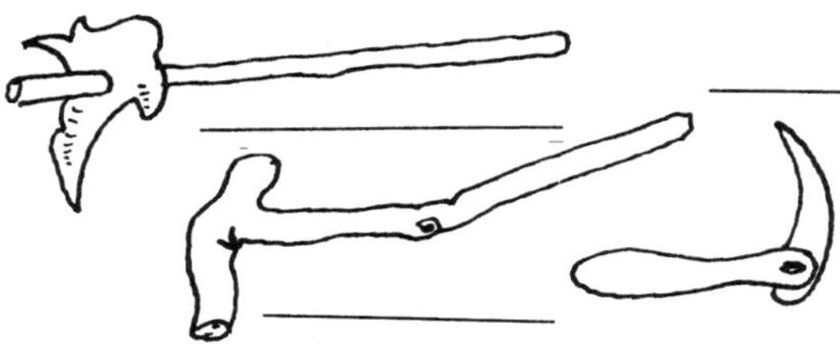

Tipps zur Niederschrift

Verwende folgende Bausteine:

Alle Frauen und Männer.....
Der Pflug wurde....
Der Boden wurde....
Eine Besonderheit....
Weitere Werkzeuge zur Bodenbearbeitung....
Angebaut wurde....

OOPS!

D	Name: ______________________	Datum: ______________

Der Steinzeitmensch als Ackerbauer

Der Steinzeitmensch als Ackerbauer

Der sesshaft gewordene Steinzeitmensch lernte, den Boden zu bearbeiten. Alle Frauen und Männer einer Sippe mussten zur Feldarbeit ran. Zunächst wurden Pflüge erfunden; eine Besonderheit war der Hakenpflug, eine Konstruktion aus starken Ästen und (meistens) Hirschhorn. Gezogen wurden die Pflüge von Menschen und - wenn vorhanden - Tieren. Weitere wichtige Geräte zur Bodenbearbeitung waren der Holzspaten, der Asthaken, die Sichel. Angebaut wurden vor allem Gerste und Hafer.

D Name: ____________________ Datum: ______________

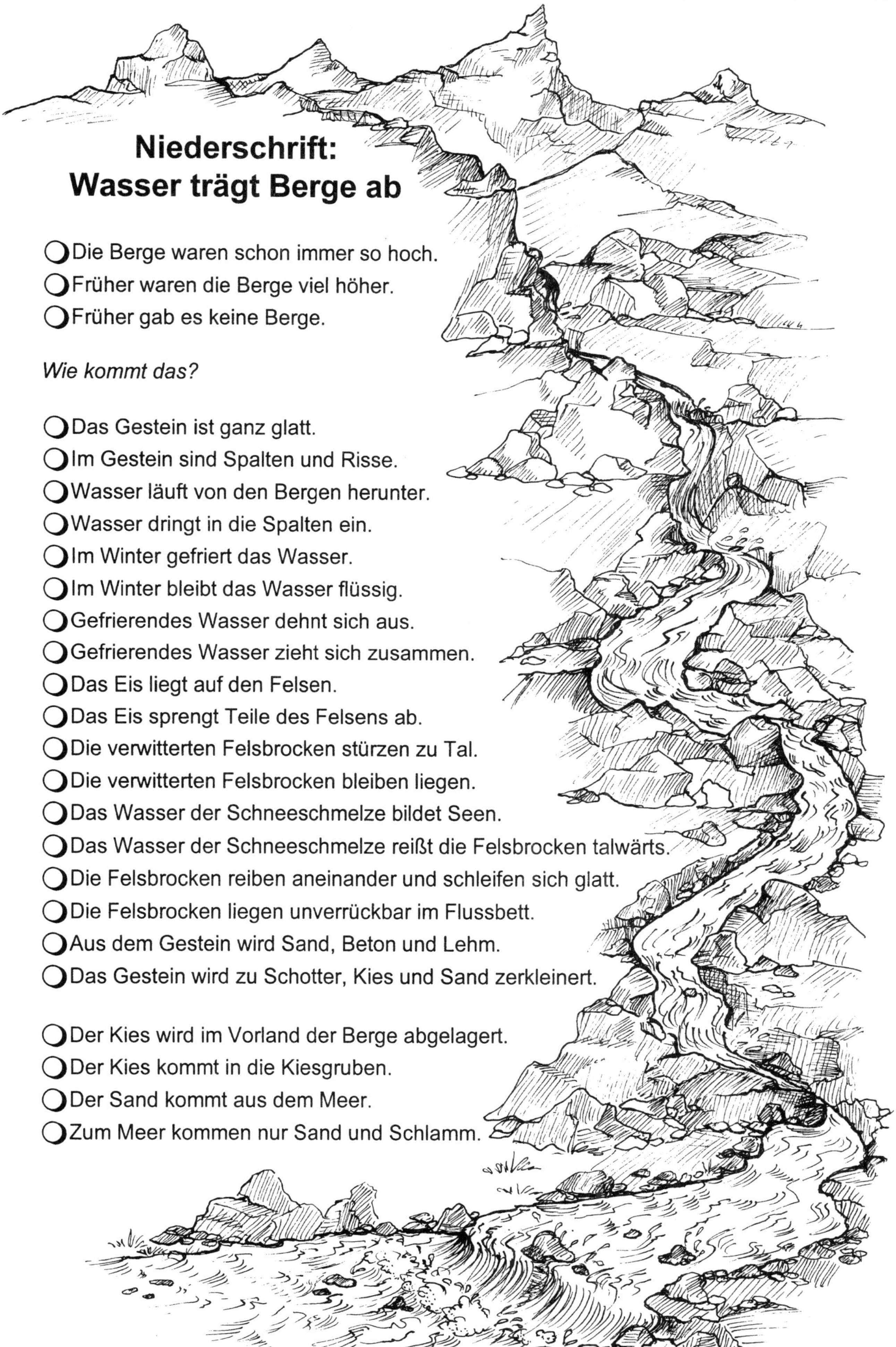

Niederschrift: Wasser trägt Berge ab

E:

❍ Die Berge waren schon immer so hoch.
❍ Früher waren die Berge viel höher.
❍ Früher gab es keine Berge.

Wie kommt das?

H:

❍ Das Gestein ist ganz glatt.
❍ Im Gestein sind Spalten und Risse.
❍ Wasser läuft von den Bergen herunter.
❍ Wasser dringt in die Spalten ein.
❍ Im Winter gefriert das Wasser.
❍ Im Winter bleibt das Wasser flüssig.
❍ Gefrierendes Wasser dehnt sich aus.
❍ Gefrierendes Wasser zieht sich zusammen.
❍ Das Eis liegt auf den Felsen.
❍ Das Eis sprengt Teile des Felsens ab.
❍ Die verwitterten Felsbrocken stürzen zu Tal.
❍ Die verwitterten Felsbrocken bleiben liegen.
❍ Das Wasser der Schneeschmelze bildet Seen.
❍ Das Wasser der Schneeschmelze reißt die Felsbrocken talwärts.
❍ Die Felsbrocken reiben aneinander und schleifen sich glatt.
❍ Die Felsbrocken liegen unverrückbar im Flussbett.
❍ Aus dem Gestein wird Sand, Beton und Lehm.
❍ Das Gestein wird zu Schotter, Kies und Sand zerkleinert.

S:

❍ Der Kies wird im Vorland der Berge abgelagert.
❍ Der Kies kommt in die Kiesgruben.
❍ Der Sand kommt aus dem Meer.
❍ Zum Meer kommen nur Sand und Schlamm.

D Name: ____________________ Datum: ______________

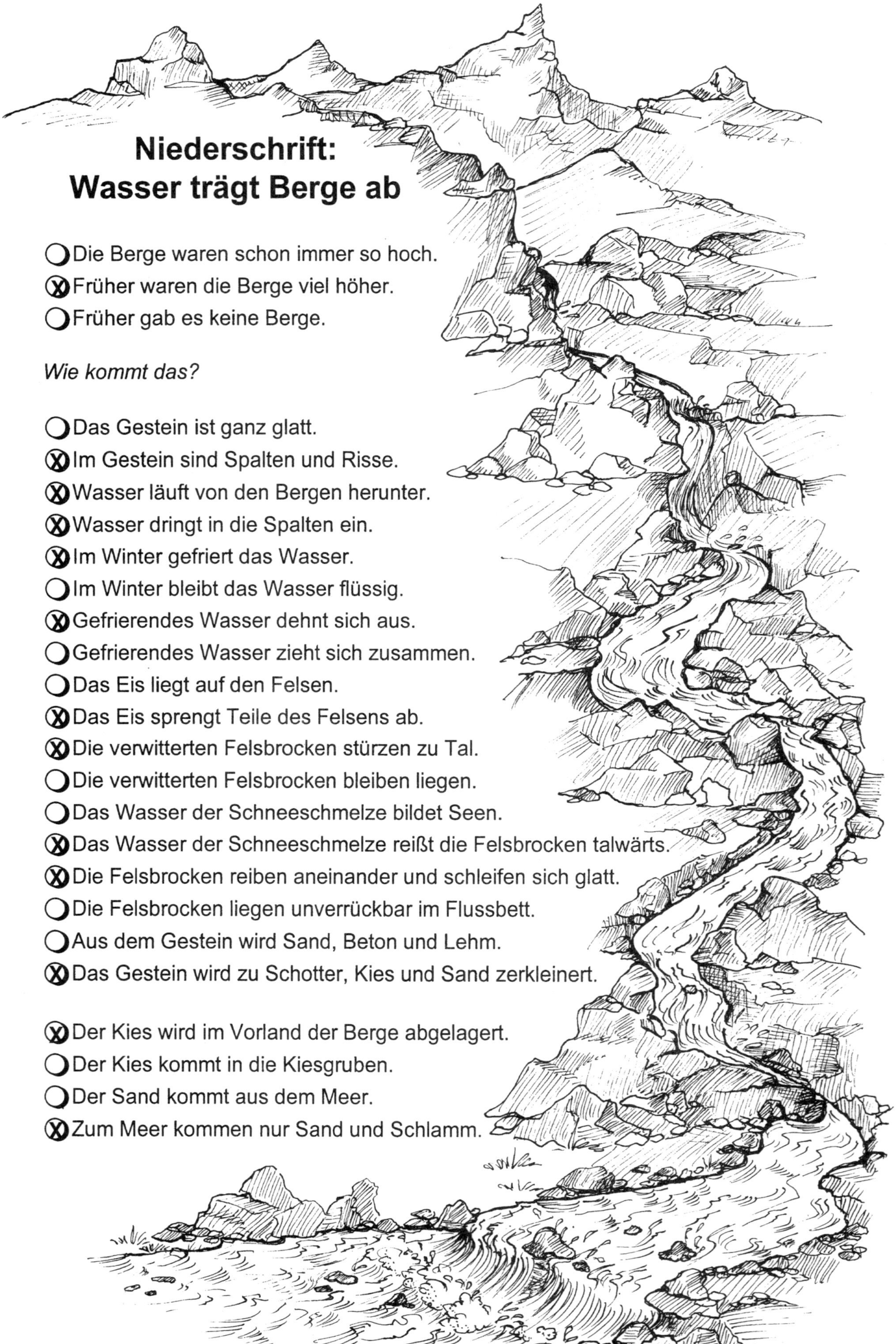

Niederschrift: Wasser trägt Berge ab

E:

○ Die Berge waren schon immer so hoch.
⊗ Früher waren die Berge viel höher.
○ Früher gab es keine Berge.

Wie kommt das?

H:

○ Das Gestein ist ganz glatt.
⊗ Im Gestein sind Spalten und Risse.
⊗ Wasser läuft von den Bergen herunter.
⊗ Wasser dringt in die Spalten ein.
⊗ Im Winter gefriert das Wasser.
○ Im Winter bleibt das Wasser flüssig.
⊗ Gefrierendes Wasser dehnt sich aus.
○ Gefrierendes Wasser zieht sich zusammen.
○ Das Eis liegt auf den Felsen.
⊗ Das Eis sprengt Teile des Felsens ab.
⊗ Die verwitterten Felsbrocken stürzen zu Tal.
○ Die verwitterten Felsbrocken bleiben liegen.
○ Das Wasser der Schneeschmelze bildet Seen.
⊗ Das Wasser der Schneeschmelze reißt die Felsbrocken talwärts.
⊗ Die Felsbrocken reiben aneinander und schleifen sich glatt.
○ Die Felsbrocken liegen unverrückbar im Flussbett.
○ Aus dem Gestein wird Sand, Beton und Lehm.
⊗ Das Gestein wird zu Schotter, Kies und Sand zerkleinert.

S:

⊗ Der Kies wird im Vorland der Berge abgelagert.
○ Der Kies kommt in die Kiesgruben.
○ Der Sand kommt aus dem Meer.
⊗ Zum Meer kommen nur Sand und Schlamm.

D Name: ______________________ Datum: ______________________

Niederschrift: Kurz- und Weitsichtigkeit

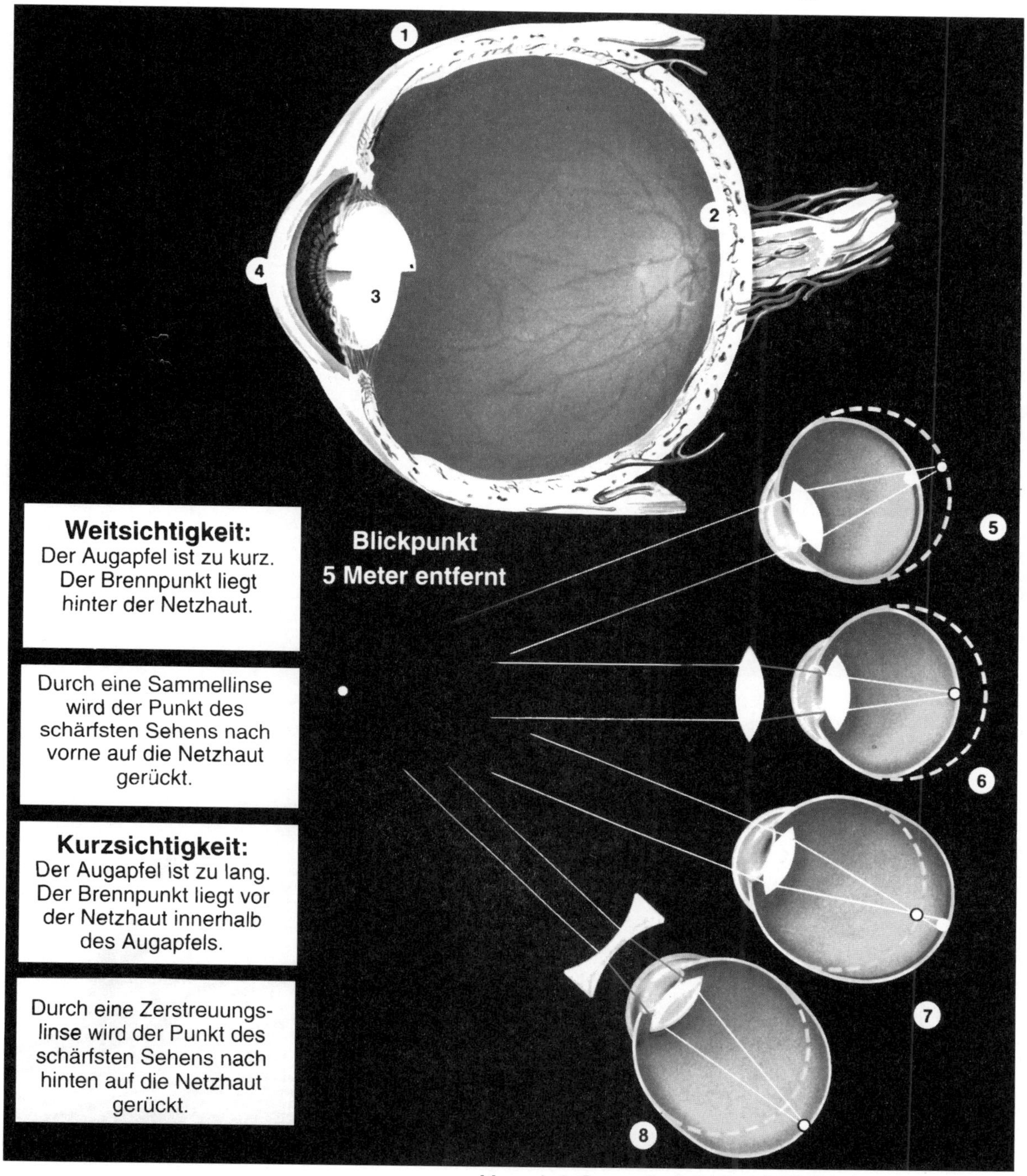

Mensch & Gesundheit © Wort & Bild Verlag, Baiersbrunn

1 ______________________

2 ______________________

3 ______________________

4 ______________________

5 Weitsichtigkeit: ______ ___________ Augapfel

6 ___________ geschliffene Gläser sammeln die Strahlen auf der ______________________

7 Kurzsichtigkeit: Augapfel zu ___________

8 ___________ geschliffene Gläser lenken die Strahlen auf die ______________________

Tipp für die Niederschrift:

Es geht hier um zwei Themen:
1. Wie ist das Auge verändert? 2. Wie kann ich den Fehler korrigieren?

D Name: ____________________ Datum: ____________

Niederschrift: Kurz- und Weitsichtigkeit

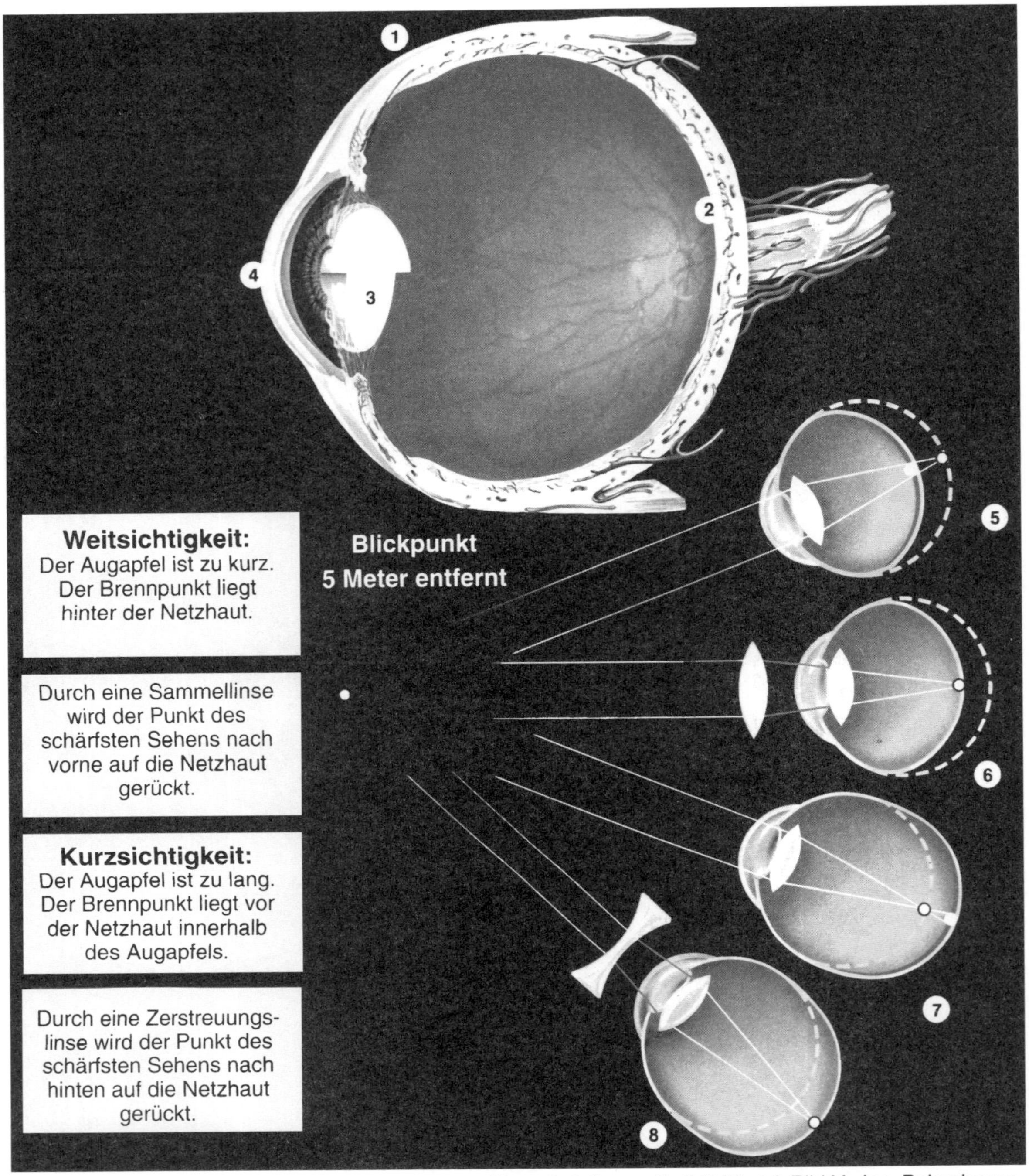

Mensch & Gesundheit © Wort & Bild Verlag, Baiersbrunn

1 **Augapfel**

2 **Netzhaut**

3 **Linse**

4 **Hornhaut**

5 Weitsichtigkeit: **verkürzter** Augapfel

6 **Konvex** geschliffene Gläser sammeln die Strahlen auf der **Netzhaut**

7 Kurzsichtigkeit: Augapfel zu **lang**

8 **Konkav** geschliffene Gläser lenken die Strahlen auf die **Netzhaut**

Tipp für die Niederschrift:

Es geht hier um zwei Themen:
1. Wie ist das Auge verändert? 2. Wie kann ich den Fehler korrigieren?

D Name: ______________________ Datum: ______________________

Römer und Germanen:
Aus Kampf wird friedlicher Handel:
***(Der Limes**, 100 n.Chr.)*

1. Mit der Befestigung der Grenze zwischen dem Römischen Reich und Germanien begann eine Zeit friedlichen Handels und Austausches:

Römische Händler brachten nach Germanien	Die Germanen gaben dafür
....	....
....	....
....	....
....	....
....	....
....	....
....	....

2. Die Germanen kannten noch kein Geld. Sie bezahlten anders:

....

In Rom dagegen hatte man schon Münzen:

Römische Münzen	**Heutiger Wert**
1 Pfd. Gold = 42 Aureus....................	....
1 Aureus = 25 Denare = 100 Sesterzen...	....
1 Denar = 4 Sesterzen....................	....

3. Zwischen römischer und germanischer Handwerksarbeit bestanden große Unterschiede:

....

....

	für Germanen:	für Römer:
Vorteile	....	....
	....	....
Nachteile	....	....
	....	....

Tipps für die Niederschrift:

1. Die Sätze, die schon auf dem Blatt stehen, kannst du übernehmen.
2. Halte dich an die Reihenfolge der Teile, lass aber im Text die Nummerierung weg.
3. Lass jeweils eine Zeile frei zwischen den Teilen.
4. Du musst aus den Tabellen nicht **alles** aufzählen: *"Die Germanen gaben dafür zum Beispiel Honig, Wolle, Pelze."*
5. Beim letzten Teil fehlt eine Überschrift. Dieser letzte Teil bezieht sich auf die Bilder!
6. Ein Wort aus der Hauptüberschrift kommt im Eintrag gar nicht vor. Baue es nach Möglichkeit trotzdem ein.

D Name: ______________________ Datum: ______________

Römer und Germanen:
Aus Kampf wird friedlicher Handel:
(Der Limes, 100 n.Chr.)

1. Mit der Befestigung der Grenze zwischen dem Römischen Reich und Germanien begann eine Zeit friedlichen Handels und Austausches:

Römische Händler brachten nach Germanien	Die Germanen gaben dafür
Stoffe, Schmuck	**Honig, Rauchfleisch,**
Tongefäße, Früchte,	**Wolle, Wachs,**
Waffen	**Gänsefedern, Frauen-**
	haar, lebende Klein-
	tiere, Pelze, Felle

2. Die Germanen kannten noch kein Geld. Sie bezahlten anders:
Tauschgeschäfte ohne Geld

In Rom dagegen hatte man schon Münzen:

Römische Münzen	**Heutiger Wert**
1 Pfd. Gold = 42 Aureus	**ca. 1280 Euro**
1 Aureus = 25 Denare = 100 Sesterzen	**ca. 30 Euro**
1 Denar = 4 Sesterzen	**ca. 1,20 Euro**

3. Zwischen römischer und germanischer Handwerksarbeit bestanden große Unterschiede:

Germane: Einzelarbeit; machte alle Bedarfsgürter

Römer: Sklaven; spezialisierte Serienarbeit

	für Germanen:	für Römer:
Vorteile	**konnte sich überall alleine helfen**	**kunstfertige Gegenstände**
Nachteile	**notdürftige Gegenstände**	**war auf andere Spezialisten angewiesen**

Tipps für die Niederschrift:
1. Die Sätze, die schon auf dem Blatt stehen, kannst du übernehmen.
2. Halte dich an die Reihenfolge der Teile, lass aber im Text die Nummerierung weg.
3. Lass jeweils eine Zeile frei zwischen den Teilen.
4. Du musst aus den Tabellen nicht **alles** aufzählen: *"Die Germanen gaben dafür zum Beispiel Honig, Wolle, Pelze."*
5. Beim letzten Teil fehlt eine Überschrift. Dieser letzte Teil bezieht sich auf die Bilder!
6. Ein Wort aus der Hauptüberschrift kommt im Eintrag gar nicht vor. Baue es nach Möglichkeit trotzdem ein.

D Name: ____________________ Datum: ____________

Hilfe zur Niederschrift:

Sachverhalte in Stichpunkten wiedergeben

Oft ist es sinnvoll, Abläufe und die wichtigsten Aussagen von Texten in Stichpunkten wiederzugeben. Versuchen wir es!

1 ***Schreibe die Informationen dieses Bildes in Stichpunkten heraus!***

Totenbestattung bei den Urmenschen

2 ***Beschreibe diesen Vorgang in Stichpunkten.***

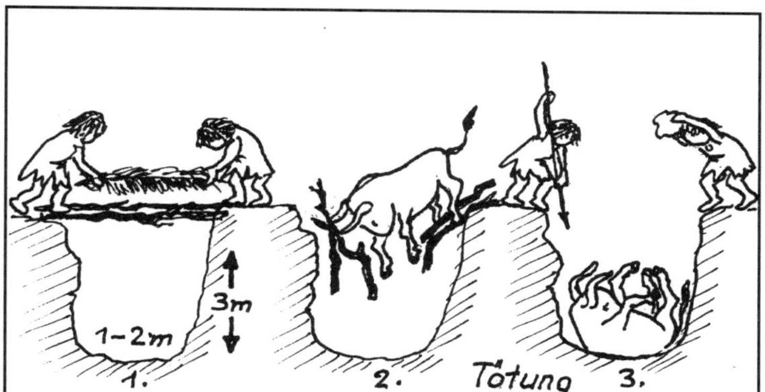

1. ____________________

2. ____________________

3. ____________________

3 ***Schreibe diesen Text geordnet in Stichpunkten:***

Im Schwimmen gibt es drei Leistungsstufen: das Freischwimmen, das Fahrtenschwimmen und das Leistungsschwimmen. Am schwierigsten sind die Aufgaben beim Leistungsschwimmen. Während man beim Freischwimmen nur 15 Minuten, beim Fahrtenschwimmen 30 Minuten im tiefen Wasser schwimmen muss, kommt beim Leistungsschwimmen vor allem das Tauchen noch hinzu: zwei Meter Tieftauchen von der Wasseroberfläche aus und zehn Meter Streckentauchen mit Einspringen. Schwimmen muss man ebenfalls gut können, nämlich zehn Minuten Dauerschwimmen und anschließend 50 Meter Längenschwimmen in Rücklage, ohne die Hände und Arme zu bewegen. Leistungsschwimmen heißt aber auch schon, Grundregeln des Rettungsschwimmens zu beherrschen. Deshalb muss der Prüfling einen Gleichaltrigen, der den Ertrinkenden darstellt, retten und zehn Meter im Wasser abschleppen.

So kannst du vorgehen:

<u>Freischwimmen</u>
15 min schwimmen

<u>Fahrtenschwimmen</u>
....

<u>Leistungsschwimmen</u>
....

D Name: ______________________ Datum: ______________

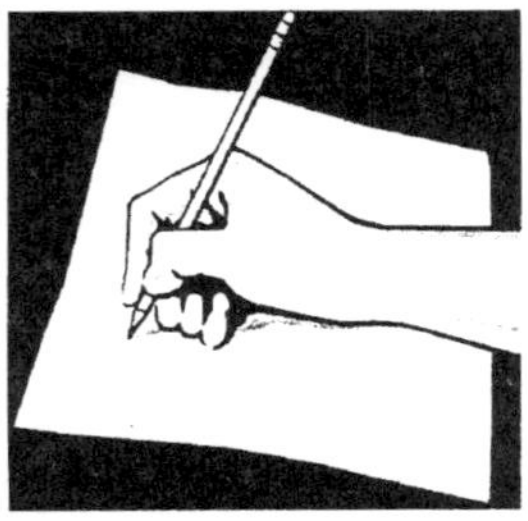

Hilfe zur Niederschrift:

Sachverhalte in Stichpunkten wiedergeben

Oft ist es sinnvoll, Abläufe und die wichtigsten Aussagen von Texten in Stichpunkten wiederzugeben. Versuchen wir es!

1 ***Schreibe die Informationen dieses Bildes in Stichpunkten heraus!***

Totenbestattung bei den Urmenschen

Totenbestattung
- in Höhle
- liegend
- mit Waffen
- Eingang mit Steinen verbaut

2 ***Beschreibe diesen Vorgang in Stichpunkten.***

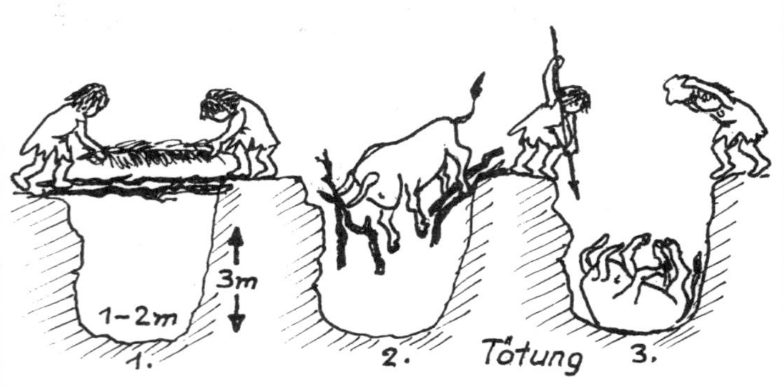

1. Aufbau der Fanggrube (3m hoch, 2m breit), Abdecken mit Ästen
2. Tier stürzt hinein, beobachten
3. Töten mit Stein und Pfeil

3 ***Schreibe diesen Text geordnet in Stichpunkten:***

Im Schwimmen gibt es drei Leistungsstufen: das Freischwimmen, das Fahrtenschwimmen und das Leistungsschwimmen. Am schwierigsten sind die Aufgaben beim Leistungsschwimmen. Während man beim Freischwimmen nur 15 Minuten, beim Fahrtenschwimmen 30 Minuten im tiefen Wasser schwimmen muss, kommt beim Leistungsschwimmen vor allem das Tauchen noch hinzu: zwei Meter Tieftauchen von der Wasseroberfläche aus und zehn Meter Streckentauchen mit Einspringen. Schwimmen muss man ebenfalls gut können, nämlich zehn Minuten Dauerschwimmen und anschließend 50 Meter Längenschwimmen in Rücklage, ohne die Hände und Arme zu bewegen. Leistungsschwimmen heißt aber auch schon, Grundregeln des Rettungsschwimmens zu beherrschen. Deshalb muss der Prüfling einen Gleichaltrigen, der den Ertrinkenden darstellt, retten und zehn Meter im Wasser abschleppen.

So kannst du vorgehen:

Freischwimmen
15 min schwimmen

Fahrtenschwimmen
....

Leistungsschwimmen
....

D Name: ______________________ Datum: ______________

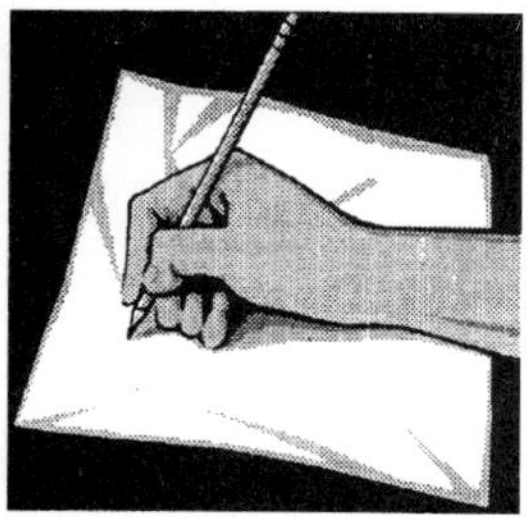

Sachverhalte in Stichpunkten wiedergeben

Wir üben!

1 **Vorgang in einer Bildfolge:** ***Die stabile Seitenlagerung***
Formuliere das Geschehen in Stichpunkten!

(aus: Deutsches Rotes Kreuz: Erste-Hilfe-Leitfaden)

2 **Text:** Schreibe die Unfallabfolge in Stichpunkten heraus! **(Reihenfolge!)**
Du kannst auch Phasenbilder zeichnen und diese beschriften.

Am Unfalltag arbeitete ich an meinem Haus, ganz oben auf dem Gerüst. Als ich meine Arbeiten beendet hatte, musste ich feststellen, dass sich hier oben durch die Arbeiten Werkzeug und Material mit einem Gewicht von etwa 150 kg angesammelt hatte. Statt diese Teile mühsam über die Gerüstleiter nach unten zu schaffen, entschied ich mich, sie in einem stabilen Korb hinab zu befördern, und zwar unter Verwendung eines Seils und einer oben am Hausdach angebrachten Umlenkrolle. So begab ich mich nach unten und befestigte ein Ende des Seils am Boden. Anschließend stieg ich wieder nach oben und belud den Korb mit den genannten Gegenständen. Jetzt kehrte ich zum Boden zurück und löste das Seil von seiner Befestigung. Ich hielt es mit aller Kraft fest, um den Korb mit den Werkzeugen langsam zu senken. Ich hatte aber vergessen, dass ich nur 75 kg wog: Jäh wurde ich nach oben gerissen. Statt das Seil los zu lassen, hielt ich es krampfhaft fest. Etwa auf halbem Weg nach oben begegnete mir der Korb. Diese Begegnung war verantwortlich für meinen Schädelbruch und für das gebrochene Schlüsselbein. Meine Fahrt nach oben setzte sich so lange fort, bis meine Finger etwa zwei Knöchel tief in der Umlenkrolle steckten. Trotz des Schmerzes hielt ich weiter das Seil fest. Der Korb war unten auf der Erde aufgeschlagen - und sein Boden durchgebrochen. Von da an wog der Korb - ohne Werkzeuge - nur noch höchstens 10 kg. Durch die Gewichtsumkehr begann nun mein Absturz. Wiederum auf halber Höhe traf mich, diesmal von unten kommend, der Werkzeugkorb (ohne Werkzeug). Von da her rühren die Verletzungen an meinen Füßen. Beim Aufschlag auf den Boden brach ich mir nur noch drei Rückenwirbel. Meine Hände wurden gefühllos, und so ließ ich das Seil los, an dessen anderem Ende ganz oben der leere Werkzeugkorb befestigt war.... (verändert nach www.frigger.de)

3 **Eigene Einfälle:** Beschreibe mögliche **Unfälle**, unterschieden nach Aufenthaltsorten!

im Haushalt
-von Staffelei fallen

in der Schule
......

im Schwimmbad
....

D Name: ____________________ Datum: ______________

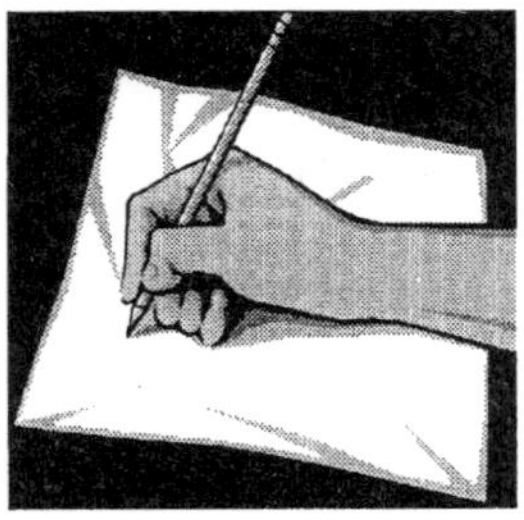

Sachverhalte in Stichpunkten wiedergeben

Wir üben!

1 **Vorgang in einer Bildfolge:** ***Die stabile Seitenlagerung***
Formuliere das Geschehen in Stichpunkten!

BLOCK

* in Hüfthöhe anheben * Hand des Verletzten unter Hintern	* Bein anwinkeln	* gegenüber liegende Schulter und Hüfte fassen * Patienten herüber ziehen	* unteren Arm anwinkeln	* Kopf überstrecken * Hand unter die Wange
1	**2**	**3**	**4**	**5**

(aus: Deutsches Rotes Kreuz: Erste-Hilfe-Leitfaden)

2 **Text:** Schreibe die Unfallabfolge in Stichpunkten heraus! **(Reihenfolge!)**
Du kannst auch Phasenbilder zeichnen und diese beschriften.

BLOCK

1. Seil (um Umlenkrolle) am Boden befestigen
2. Korb beladen
3. Seil von Bodenbefestigung lösen
4. Person nach oben gezogen
5. Zusammenstoß mit Korb: Schädel, Schlüsselbein verletzt
6. oben: Finger in Umlenkrolle
7. gleichzeitig: Korb verliert durch Aufprall Boden
8. Person am Seil nach unten
9. Zusammenstoß mit Korb: Füße verletzt
10. Aufprall der Person: Rückenwirbel gebrochen
11. Loslassen des Seils: Korb fällt....

3 **Eigene Einfälle:** Beschreibe mögliche **Unfälle**, unterschieden nach Aufenthaltsorten!

BLOCK

<u>im Haushalt</u>
-von Staffelei fallen
-verbrühen
-vergiften mit Spülmittel....

<u>in der Schule</u>
-Verletzung nach Rauferei
-vom Stuhl fallen

<u>im Schwimmbad</u>
-ausrutschen und fallen
-Wespenstich